中华文化十万个为什么

宗教卷

初 旭 ◎ 主编

辽海出版社

图书在版编目（CIP）数据

中华文化十万个为什么．宗教卷 / 初旭主编，卞孝萱审定．—沈阳：辽海出版社，1999.1（2017.4重印）

ISBN 978-7-80638-996-6

Ⅰ．中… Ⅱ．初… Ⅲ．①传统文化—中国—普及读物②宗教—中国—普及读物 Ⅳ．Z228

中国版本图书馆 CIP 数据核字（98）第 35210 号

中华文化十万个为什么·宗教卷

责任编辑	丁　凡	
责任校对	刘　娟	
开　本	690mm×960mm　1/16	
字　数	242 千字	
印　张	25	
版　次	2017 年 4 月第 2 版	
印　次	2017 年 4 月第 1 次印刷	

出　版	辽海出版社
印　刷	北京铭传印刷有限公司

ISBN 978-7-80638-996-6　　　　　　定价：56.80 元

总　序

　　中国是一个地大物博、历史悠久、由多民族结合而成的人口众多的国家。在中华民族的开化史上，有素称发达的农业、手工业，有许多伟大的思想家、政治家、科学家、发明家、军事家、文学家和艺术家，有丰富的文化典籍、文物古迹，在科技上有许多重要的创造发明。中国各族人民热爱祖国的山河，热爱祖国的历史文化，具有强烈的民族自尊心和自豪感，对祖国的事业无限忠诚，以祖国的利益高于一切，毫无保留地贡献自己的智慧和力量，正在满怀信心地迎接新世纪的到来。

　　培养"四有"新人是时代赋予我们的神圣职责。中华文化博大精深，具有强大的生命力。辽海出版社出版《中华文化十万个为什么》，就是面向广大青少年，弘扬中华优秀文化，进行"四有"教育的一种形式。这套书的第一辑共有历史、文学、美术、书法、音乐、教育、法律、伦理、宗教、民俗十册，约200万字。选题广泛，内容充实，语言流畅，插图精美，富于知识性、可读性和趣味性。将多彩多姿的中华文化，简捷明了、通俗易懂地显示出来。图文并茂，引人入胜，是对广大青少年有益的一部课外读物。

唐代的伟大文学家韩愈说得对："人非生而知之者，孰能无惑？"怎么办？找老师。"师者，所以传道授业解惑也。"《中华文化十万个为什么》就是用问答的方式，向广大青少年传授知识，解除疑惑，起到各行各业无数老师所起的作用。它可以帮助青少年读者了解中国的悠久历史，了解中华民族自强不息、百折不挠的发展历程，了解各族人民对人类文明的卓越贡献，了解先辈们的民族气节和道德情操。我恳切希望广大青少年把这套书当作良师益友，不要像韩愈所说的那样："惑而不从师，其为惑也终不解矣。"

学海无涯。这套书所带给青少年读者的，不只是书上的知识，还将启迪他们的智慧，引起他们进一步学习的兴趣，激发他们无止境的求知欲。从而由浅入深，循序渐进，探索文化的宝藏，强化个人的素质，走向成才之路。说这套书是缔造 21 世纪人才的摇篮也不过分。故欣然而为之序。

目 录

目
录

目录

目
录

目
录

目录

◎为什么释迦牟尼能创建佛教?

释迦牟尼之所以能创建佛教，可以用恩格斯的一句名言来回答："创立宗教的人，必须本身感到宗教的需要，并且懂得群众对宗教的需要。"

释迦牟尼佛

释迦牟尼无论是在29岁时剃须去发、换下王子服装，偷偷离开王宫，进入丛林，寻找解脱痛苦的"真理"，还是独坐毕钵罗树下，面向东方49天的静坐，终于"大觉悟"而成了佛陀，都能反映他本人是怎样"感到宗教的需要"的。同时释迦牟尼也确实"懂得群众对宗教的需要"，因为这是公元前6世纪时古印度的社会环境所决定的。当时的情景可用三句话来概括：政治上，以种姓制度为特点的阶级矛盾十分尖锐；军事上，群雄割据、互相攻伐；思想上，百家争鸣。群众为此陷入困境，极为痛苦，需要一种思想来摆脱苦难。有了这两方面的条件，释迦牟尼自然就能够建立起一个新的宗教——佛教。

◎为什么会有"佛教"之名？其基本教义是什么？

按佛教自己的说法，所谓佛教，即释迦牟尼所说："诸恶莫做，众善奉行，自净其意，是诸佛教。"就是佛教说的"教法"，也就是各种教义和教义所表达的"真理"。当然，如果按通常的说法，佛教则是与基督教、伊斯兰教并列的世界三大宗教之一。它在长期的发展中，形成了完整而浩繁的经典，有一定的活动仪式，有自己的教团组织，有众多的信仰者，信仰者还要遵守规定的戒律等。

佛教的基本教义是四谛说、八正道、十二因缘和三法印、因果报应、业报轮回、三世论等。释迦牟尼创立佛教的目的，是要解除人世间的痛苦，因此，他的学说，就是要给世人指出世间充满苦，产生苦的原因，苦的消灭和灭苦的方法。整个佛教的体系就是围绕着这些建立起来的。

◎为什么将毕钵罗树叫菩提树？

因为相传释迦牟尼在毕钵罗树下"觉悟"成道，所以后来就把所有的毕钵罗树都叫作菩提树。

菩提就是"觉"的意思。菩提树是一种常绿乔木，叶子卵形，茎干黄白，花隐于花托上，树子可以做念珠。那棵释迦牟尼坐其树下"成道"的著名的大菩提树，在今天印度比哈尔邦伽耶城的南郊约10公里处，不过历经两千多年，它已不是当年那棵老树，而是曾孙树了。树下有释迦牟尼"坐处"的金刚座。树的东侧是高约50米、有1800多年历史的大菩提寺。中国的第一棵菩提树，是南朝梁武帝时僧人智药从印度带来，种在广州光孝寺戒坛前。我国的菩提树，大多生长在广东。

◎为什么把释迦牟尼的第一次讲法称作"初转法轮"？

法轮是佛教对佛法的一种比喻。"初转法轮"是对释迦牟尼首讲佛法的比喻。

法轮来自古印度神话。"轮"是一种被神化了的战争武器，它形同轮子。传说一位"圣王"即位，自天得到轮宝，于是他飞行空中，转动法轮，所向无敌，因而征服了四方。佛教便借用这一传说，把释迦牟尼宣讲佛法称为"轮"，认为一旦佛的法轮转动于世，"遇佛法轮，一切邪见、疑悔、灾害皆悉消灭"（《大智度论》卷二十二），也就是佛法将无敌于天下。而释迦牟尼在鹿野苑的第一次讲法，自然就成了"初转法轮"。

由于讲法（初转法轮），使释迦牟尼有了第一批信徒，也组成了佛教的三个重要因素，即"三宝"。从而也标志着佛教的建立，鹿野苑也因此成了佛教四大圣地之一。

◎为什么叫"大乘佛教"？

"大乘佛教"形成于公元1世纪的印度。当时，由于对教义的理解、看法上的不同，佛教发生了新的分裂。对教义进行革新的一派即大乘派，他们认为自己的学说可"乘载"众生，从世俗生死之河的此岸达到菩提涅槃之彼岸，成就佛果，故此叫"大乘佛教"。

大乘佛教经过了初期、中期、后期的三个发展时期。他们提倡三世十方有无数佛，并进一步把佛神化；宣传大慈大悲，普度众生，把成佛渡世，建立佛国净土作为最高目标；在义学上，否定法我的实在性；在修习上，倡导以六度为内容的菩萨行。其主要经典有《般若经》、《维摩经》、《大般涅槃经》、《法华经》、《华严经》、《无量寿经》等。

◎为什么叫"小乘佛教"？

"小乘佛教"，是公元1世纪形成的印度派别。由于佛教发生新的分裂，对教义进行革新的大乘佛教对恪守原始教义，只追求个人解脱的部派佛教贬称为"小乘"。后来，学术界也采用了这个概念，但并无褒贬之义。

小乘佛教把释迦牟尼视为教主，追求个人自我解脱，把"灰身灭智"，证得阿罗汉作为最高目标。在义学上，它只否定人我的实在性；在修习上，着重于三十七道品的宗教道德修行。主张修行者要出家，要过严格的禁欲生活。其主要经典有《阿含经》等。

◎为什么佛教产生于印度，又在印度消亡了呢？

佛教产生于公元前6世纪，它经历了原始佛教、部派佛教、大乘佛教和密教四个时期。在公元8、9世纪后逐渐衰微，13世纪在印度消亡，其在印度共持续了1500余年。

佛教在印度的衰微消亡，主要有三个原因：

一、社会原因。公元5世纪后，由于外族的入侵，地方封建势力的兴起，统一王朝瓦解，政治上出现了许多小国，各小国间兵戎相见，崇尚武力。这样，非暴力的理论对他们来说便不再适应了。神权没有王权的支持，自然得不到发展，从而走向衰落。

二、内部原因。佛教僧团在经历了严守戒律、过清贫生活后，到大乘佛教时期，随着教义上的某些改变，也由于世俗贵族、商人的支持，寺院经济逐步发展起来，不少僧众过着奢侈豪华的生活，发展到密教后，更从禁欲走向纵欲，这样自然不会为一般群众所拥护。同时，再加上婆罗门教的冲击，于是佛教逐渐失去了社会影响。

三、外部原因。由于中亚伊斯兰教诸王的入侵，他们对佛教采取了残酷的镇压政策，强迫幸存者改信伊斯兰教，佛教的寺院文物又遭到毁灭性破坏，僧众离散，到1203年，佛教在印度本土终于消亡了。

◎为什么说佛教世界是以须弥山为中心的？

须弥山原为印度神话中的一座名山，后为佛教吸收所用，又称"苏迷卢"或"迷卢"。

佛教世界是以须弥山为中心的，大地、山河、星球都围绕着它而排列。须弥山由金、银、琉璃和玻璃四宝所构成，山上宫殿林立，树木茂密，鸟语花香。山高八万四千由旬，山顶上为帝释天，四面山腰为四大王天，居四大天王及其眷属。山周围是七香海和七金山，七香海位于须弥山和七金山之间。第七金山外还有由铁所构成的铁围山所围绕的咸海。咸海中有四大洲、八中洲和无数小洲。四大洲分东南西北，分别是东胜神洲、南赡部洲、西牛贺洲、北俱卢洲。每一大洲各有两个中洲。四大部洲所处的咸海周围有铁围山周匝围绕，形成一个世界。每一个世界的上空都有一个太阳、一个月亮和众多的星星。

◎为什么佛教将宇宙称为"三千大千世界"？

"三千大千世界"这一佛教术语的意思是泛指全宇宙，形容世界之广阔。其来源与须弥山有关。

据佛教称，以须弥山为中心，以铁围山为外围，同一日月所照的天下为一世界，一千个这样以须弥山为中心的完整世界称为小千世界。以小千世界为一个单位，一千个小千世界称为中千世界。以中千世界为一个单位，一千个中千世界称为一个大千世界。也就是说，一千个世界为小千世界，一百万个世界为中千世界，十亿个世界为大千世界。因一大千世界包含有小千、中千、大千三种"千"，合称为"三千大千世界"。

佛教认为"三千大千世界"为一佛土，是佛祖释迦牟尼教化包括人在内的众生世界，也称娑婆世界。而且还认为宇宙并不是几个"三千大千世界"，而是由无数个"三千大千世界"所构成的无限空间。

◎为什么佛教中会有"过去七佛"？

在佛国大千世界中，有许多成名的佛、菩萨和罗汉。诸神中，佛是果位最高的。佛祖是释迦牟尼，但释迦牟尼还有六位祖师。他们是：毗婆尸佛、尸弃佛、毗舍婆佛、拘楼孙佛、拘那含佛、迦叶佛。在佛教中，这六佛同释迦牟尼一起又称作"过去七佛"。

大乘佛教认为佛是超人的存在。在无限的空间和时间内，每一世界、每一阶段都有佛教化众生，所以十方三世有无数的佛。经常出现并且比较有名的佛如释迦牟尼佛、弥勒佛、阿弥陀佛、药师佛等。小乘佛教则把释迦牟尼看成是一个觉悟者、佛教创始人，所以在空间上只谈此世界现阶段的释迦牟尼佛；在时间上只谈释迦牟尼及其之前的六位祖师，就是所谓的"过去七佛"。

"过去七佛"中，除释迦牟尼外，都是佛教传说人物。七佛在中国佛教造像中出现得较早，在早期石窟中能经常见到。国内现存最著名的七佛造像在辽宁省义县的奉国寺中，为辽代坐式彩塑，高达三丈。

◎佛祖释迦牟尼为什么又称"如来"?

在民间,"如来"、"如来佛"是比释迦牟尼更为流行的一个称号。

"如来"是梵文Tathàgata的意译,音译为"多陀阿迦陀"、"达塔葛达"、"恒伦仪多"等。"如"亦名"如实",即真如,指佛所说的"绝对真理",循此真理达到佛的觉悟,故名。《成实论》说:"如来者,乘如实道来成正觉,故曰如来。"

"如来"还是释迦牟尼的十个尊号之一。从狭义上来说,"如来"可以专指释迦牟尼佛,犹如"佛"可以狭义地理解为专指释迦牟尼一样。从广义上来说,"如来"应泛指一切佛,即不仅专指释迦牟尼佛。可以理解为"如来"为"佛"的异名,是"佛"皆可称"如来"。如西方极乐世界的阿弥陀佛可称为"阿弥陀如来",东方净琉璃国的药师佛也可称"药师琉璃光如来"。既然如此,"如来佛"的称法就不太科学,因为"如来"与"佛"是异名称谓,合在一起就成了同义词叠加。但这已成了民间的一种大众习惯,只好由其自然了。

◎为什么将燃灯佛、释迦牟尼佛、弥勒佛称为"竖三世佛"?

"竖三世佛"是指过去（前世、前生）佛燃灯、现在（现世、现生）佛释迦牟尼、未来（来世、来生）佛弥勒。因为这三种佛在时间上是相连续的，为了有别于从空间角度讲的"横三世佛"，故称"竖三世佛"。

什么叫"三世"呢？一般的解释是"三世"也可称为"三际"。"世"是迁流义，用于因果轮回，指个体一生的存在时间，即过去、现在、未来的总称。就众生来说，现在的生存为今生，前世的生存叫前生，命终之后的生存叫来生。佛教中的"世"与中国文字中的"世"很不一样，"世"在汉语中作"三十"讲，而在佛教中却是四十三亿二千万年。

佛国世界里，在释迦牟尼的六位祖师之前，还有一位祖师，这就是燃灯佛。据佛经说，当初，释迦牟尼还是儿童时，偶然看见一位王家姑娘拿着一些美丽而纯洁的白莲花，他于是花五百钱买了五朵献给了燃灯佛。燃灯佛接过莲花满心欢喜，便收他为弟子并预言他将来会成佛。

"三世佛"的排列也自有讲究。燃灯佛是释迦牟尼的老师，当然是过去佛，理应居前，位左；释迦牟尼居中，但居第二位；第三位居右的是弥勒佛，因他还在兜率天宫内院做着弥勒菩萨，还得将近五十六亿七千万年以后下生到人间成佛，所以他是未来佛。

◎为什么"横三世佛"是释迦牟尼、阿弥陀和药师佛三位？

"横三世佛"是从空间和地域角度对三位佛陀的并称。

这三位居住的空间是：阿弥陀居西方极乐世界；释迦牟尼居娑婆世界；药师佛居东方净琉璃世界，他们代表着西、中、东三方空间世界。因三位共同存在和代表着不同的三个空间，为有别于时间上的"竖三世佛"，故称三位为"横三世佛"。

"横三世佛"里居中的是娑婆世界教主释迦牟尼。"娑婆世界"在佛教中的意思是"堪忍世界"，是指释迦牟尼所教

药师佛　　　　释迦牟尼　　　　阿弥陀

化的世界，即现实世界。居右的是阿弥陀佛，他曾自诩："众生念我佛号一声，可以灭八十亿劫生死之罪，得八十亿劫微妙功德。"因阿弥陀佛能接引念"南无阿弥陀佛"的信徒往生西方净土，所以又名"接引佛"。居左的是药师佛。药师佛全称"药师琉璃光如来"，也称"大医王佛"。他是要满足众生一切愿望，解除众生的所有痛苦，欢欢乐乐，心想事成。

"横三世佛"以释迦牟尼为主居中，并将东、西方教主供奉于一殿，是为了表示佛教徒的一种信念，即东方为日出之处，象征万物生长，以东方为生之乐国；西方为日落之处，象征万物归宿，以西方为死之妙境。三佛一殿，则包容了一切之吉祥。

"竖三世佛"与"横三世佛"是佛教中极含哲理的一种象征形象创造。"竖三世佛"体现了佛佛相生，更替不已；"横三世佛"体现了处处存在，无地不佛。时间上的"竖三世佛"概括了时间世界的无限延续，表现了宇宙之无限；空间上的"横三世佛"包罗了空间世界的广袤阔大，表现了宇宙之无穷。佛教文化在这一点上，与人类其他文化一样，道出了一个哲学的真理——宇宙是无穷的。

◎为什么会有两个弥勒佛？

人们在寺庙里往往会见到两个弥勒佛，一个是与燃灯佛、释迦牟尼并列一起的"竖三世佛"中的弥勒，另一个是笑口常开的大肚弥勒。这是怎么回事呢？

原来，同释迦牟尼并列在一起的是"正宗"的弥勒，实际上他还不是真正意义上的佛，而是一位一生补记的菩萨，又称"慈氏菩萨"。传说先为婆罗门弟子，后为佛徒；先于释尊入灭，归入兜率天内院，经四千岁（相当人间五十六亿七千万年）后下生人间，于华林园龙华树下成佛，弘扬佛法。所以被称为"未来佛"，又被视为改天换地之佛。

大肚弥勒是五代时出现的，据说他原是五代后梁明州奉化（今属浙江）的一位僧人，原名契此，称布袋和尚。他长得矮胖，肚子奇大，笑口常开，经常用竹杖挑着一个大布袋在闹市中出现，四处行乞。他能预测天气，言人祸福也颇为灵验，曾名噪一时。他的圆寂也很奇特，只在一块盘石上端坐说偈云："弥勒真弥勒，化身千百亿。时时示时人，时人自不识。"他死后，人们才恍然大悟，原来这位大肚和尚竟是弥勒菩萨的下生和化身。

这样就有了两个弥勒。又由于大肚弥勒笑口常开的可爱形象，从宋代开始，他的造像到处出现，民间影响甚至超过远在兜率天上的真弥勒，几乎与观音菩萨并驾齐驱。真正的弥勒尽管大如乐山大佛，但人们也只知那是"大佛"，很少有人会知道那就是真正的弥勒。

◎为什么会有"观音"之说？

观音菩萨，是梵文的意译，他是西方佛主阿弥陀佛的左胁持，属"西方三圣"之一。

为什么叫"观音"呢？据佛教说，他是一位大慈大悲的菩萨，众生遇难时，只要念其大名，"菩萨即时观其音声"，他就会前来解难救灾，因而得名。唐代时，因太宗名叫李世民，为避讳，所以将"观世音"的世字去掉，而简称"观音"。

观音的生日是农历二月十九，成道日是六月十九，涅槃日是九月十九，他是中国的四大菩萨之一。据说浙江普陀山是他显灵说法的道场。

◎为什么观世音以女性的形象出现？

观世音以女性的形象出现其实完全是中国人所为，也可以说是中国人在造神过程中的机智与聪明。

本来佛教认为佛、菩萨皆无生无死，亦无性别，他们在世人面前可根据不同需要示现各种化身。唐以前，观音一直是一位伟丈夫，有时嘴唇上还有两撇小胡子。唐以后，观音变成了女性，而且还是一位圣美绝伦的女性。这主要有以下几方面的原因：

一是佛经的记载为观音的女性形象提供了一定的依据。一些佛经上就有观音为"优婆夷（女居士）"、"妇女身"、"童女身"的说法。

二是从南北朝开始，佛教在中国迅速发展，出家的尼姑开始多起来，上到太后公主，下到平民女子，比丘尼已蔚成气候。这样就迫切需要一位女神来和这些出家人接近。佛教也乐得借机扩大影响，将错就错推出一位女菩萨，因而观世音女性化自然形成。这说明任何一种宗教在流传过程中都必须向世俗让步才能发展。

三是与中国人的审美传统和审美取向有关。中国人的审美理想是阴柔和静，女性的柔美是中国人普遍欣赏的，而柔性则是中国人历来所信奉的，因为这种性格意味着善良、慈悲、聪慧、美丽。这一点，正与"观"人"世"苦难之"音"，随叫随到，平易近人，可敬可亲的观世音相吻合。观世音除了具备男性菩萨所具备的一切法力之外，还得执行男菩萨所不能完成的法力，诸如送子等。观世音身上的这些美德，正合乎中国人的审美取向，观世音成为女性则属必然。

四是唐以后在亚洲宗教中有一种男著女装的习俗，佛教徒们往往将男菩萨作女性打扮，这也是促进观世音女性化的一个重要因素。

◎为什么观世音会有千手千眼？

千手千眼观音是密宗所传"七观音"之一，为观音破"地狱道"三障的化身。

据佛经称，观世音在过去"无量亿劫"，即极其遥远的过去，听千光王静住如来说"广大圆满无碍大悲心陀罗尼"，发誓要利益一切众生，于是长出千手千眼。千手表示遍护众生，千眼则表示遍观世间。

千手千眼观世音的形象传有二种：一种是较为简单的，两手两眼之下，左右各具二十手，手中各有一眼，共四十手四十眼。再各配"二十五有"（指三界中二十五种有情存在之环境，计欲界十四有：四恶趣、四洲、六欲天；色界七有：四禅天、大梵天、净居天、无想天；无色界四有：四空处），而成千手千眼。另一种是实有千手千眼，法身千手最大，其中二手合掌；报身四十手则细小一些，其中也有二手合掌；法身、报身的其余手作握各种法器状，手中各有一眼，分五层或十层，如孔雀开屏般后插，十分精美。这种千手千眼观音在大足石刻中大佛湾观音殿里可见到。

◎普陀山为什么成了观音道场？

全国佛教名山众多，为什么单单普陀山成了观音道场？究其原因，主要有以下四个方面：

首先是佛典的记载。《大方广佛华严经》记有著名的善财童子五十三参观世音的故事，其中的第二十八参就在普陀洛迦山。这就为普陀山成为观世音道场提供了最权威的依据。

其次是普陀山所在的舟山群岛位于东海，远离大陆，人迹罕见，可望而不可即，云雾缭绕之中，自然给人一种迷离神秘之感。这种环境既同佛经记述相吻合，又有世外桃源的味道，很适合观音菩萨居住。

其三是中唐以后，中日航路南线开通，这就为日僧慧锷供奉观音而成为佛教名山提供了重要条件，使他能与岛民张氏共创"不肯去观音院"，从而使普陀山香火益盛。

其四是宋代皇帝的赐建"宝陀观音寺"，指定普陀山专供观世音菩萨。皇帝的旨意，使普陀山的观世音道场有了法定的意义。

◎善财童子为什么成了观世音的胁侍?

善财童子当年要发誓成佛，首先向住在城东的文殊菩萨请教，文殊菩萨告诉他到南方去找功德和尚，功德和尚又告诉他去找海门和尚，海门和尚又让他去找善住和尚……就这样一个接一个地找了下去，一共参拜了比丘、长者、菩萨、婆罗门、仙人等五十三位名师，历尽人间艰辛，用一种不屈不挠的精神和赤诚之心，终于感动了普贤菩萨，实现了成佛的愿望。这就是善财童子五十三参始成佛的故事。

在善财童子五十三参的过程中，第二十八参是参拜观世音菩萨，于是善财到了普陀山，只见此山岩谷列秀，香草柔软，观世音正在金刚石上盘腿而坐向诸生宣说大慈悲法。观音菩萨为了试探善财是否有诚意，便化作船夫掀起大风巨浪，劝他回去。但是善财丝毫不惧，参佛之心不改，终于感动了观世音，接见了他并收他为童子，他也辅助观世音普度众生，现童子身，成为观世音的左胁侍。

◎ "欢喜佛"为什么作男女二人立姿裸身相抱之形?

"欢喜佛"是藏传佛教密宗的一种佛像,即佛教中的"欲天"、"爱神"。这种佛像一般作男女二人立姿裸身相抱之形。

为什么会这样呢?其来历和寓意大约有这样几种解释:

"欢喜佛"是软化恶行。据《大圣欢喜供养法》说,为了调和一千五百个做恶事的,便以一千五百个做善事的来配成"兄弟夫妇",这一千五百个调和派又是"观音之化身",由观音出面,以性交的方法来软化恶行,大家欢天喜地,尽做善事。

"欢喜佛"的"欢喜"二字并非指男女淫乐而言,而是指佛用大无畏大愤怒的气概,雄猛的力量和摧破的手段。战胜"魔障"而从内心发出的喜悦的意思。

"欢喜佛"象征男女双修。这种说法来源于古印度原始宗教中的性力崇拜,认为"男是智慧,女是方便",男女双修,可以快速得道。

另外还有一种解释,说欢喜佛是为了鼓励生育。这是佛书以外的说法。

本来，"欢喜佛"的产生是有着哲学、宗教、历史、民俗和讽世意义的，但在中国这块神秘的土地上，他的这些原本义却被淡化了，只剩了一层神秘意义。这也同佛教的汉化有关。汉化佛教造像是以庄严、肃穆、宁静、安详、和善为主要风格，是最正统最净化的，狞恶的天王神将小鬼都是次要的人物，"欢喜佛"之类则更是严禁出现的了。所以"欢喜佛"只在藏传佛教的密宗中出现，在汉化佛教的寺庙里不会见到。

欢喜佛

◎以吃小孩起家的鬼子母为什么成了送子娘娘？

佛教中的送子娘娘鬼子母原本并不是什么"娘娘"，而是一位以专吃小孩为生的母夜叉。

据佛经说，她早年因在王舍城参与庆祝独觉佛出世而早产，于是便发下恶誓，来世要生于王舍城，吃尽当地人的小孩。后来她的誓愿果然应验。她同王舍城的药叉结婚，生下五百鬼子，因此被称为"鬼子母"。她几乎天天吃王舍城的小孩，佛祖知道后，就劝她不要这样做，但她无动于衷。后来佛祖施法藏起她的一个小孩，鬼子母十分想念，后听说孩子在佛祖身边，就要求还她孩子。佛祖对她说："你有五百个孩子还心疼，你不想想被你吃掉孩子的人家才有一两个孩子吗？"鬼子母听后如梦方醒，当即皈依佛门并成为佛教的护法神。

送子娘娘

鬼子母尽管有吃人的历史，但形象却极为秀丽。佛经上说她作天女形，身着红白相间的天缯宝衣，头戴天冠，耳悬玉饰，白螺做成的手钏，身上挂满了璎珞，华丽而庄严。左右并列侍女眷属，手执白拂，俨然一位女菩萨。大约正因为鬼子母有这样一种形象和痛失爱子的深切体会，自从她皈依佛门后，人们就将她视作妇女儿童的保护神。佛教传入中国后，中国的佛教徒又将她改造成了一位送子娘娘。

本来按照佛教的说法，修行的目的是求得解脱，即跳出"六道轮回"，不生不死。既然主张不生，不要子嗣，为什么佛教还来个"送子娘娘"呢？岂不是自相矛盾吗？实际上这也是佛教传人中国后，对中国传统文化的让步，对儒家忠孝思想的让步，只有这样，佛教才能在中国站住脚。因此，佛教在中国只好入乡随俗，不仅有"送子观音"、"送子弥勒"，而且还有"送子娘娘"——鬼子母。

◎为什么阿梨耶被称为尊者？

"阿梨耶"，系佛教称谓，梵文的音译。是指僧人中德、智兼备，为人所尊者。所以阿梨耶被称为尊者。《行事钞》卷下三云："下座称上座为尊者，上座称下座为慧命。"便由此可见。

◎为什么星宿光被称为"药王"？

"药王"，菩萨名，是梵文的意译。传为星宿光因以良药供奉僧众，故后来成为药王菩萨，于是人们便称星宿光为"药王"。

据《观药王药上二菩萨经》载，星宿光、电光明兄弟二人曾持良药，供养日藏比丘及其他僧众，"此时大众赞叹，长兄为药王，弟为药上，是今药王、药上二菩萨也。佛告弥勒，是药王菩萨久修梵行，诸愿已满，于未来世成佛，号净眼如来；药上菩萨，亦次药王作佛，号净藏如来"。其形象为中年女身，左手持药草束，右手作大悲施无畏印状。

◎为什么卧佛身旁的十二圆觉表情严肃而哀伤？

位于北京海淀区寿安山南麓的十方普觉寺有一铜铸释迦牟尼雕塑。其重约54吨，长5米余，头朝西南，右手支颐，左臂直伸，侧身而卧，故此人们称之为卧佛。

卧佛佛面圆浑宽大，双眉如月，闭目入境，显示出安详宁静的不生不灭状。由于整个场面表现释迦牟尼在娑罗树下涅槃的故事，因此其身后环立的十二圆觉彩塑泥像，似在敬听佛嘱，表情严肃而哀伤。

◎为什么说"度牒"是僧尼的身份凭证？

"度牒"也作"祠部牒"、"黄牒"，是指政府发给欲出家者的批准证明书，持此即可剃发为僧。《佛祖历代通载》卷十二云："（唐）天宝五载丙戌五月，制天下度僧尼并令祠部给牒。"僧尼以此牒为身份凭证，可免徭役。后代因之。由此可见，僧人的最早身份证，即"度牒"。

◎为什么十六罗汉变成了十八罗汉？

据唐玄奘译的《法住记》说，释迦牟尼曾嘱咐十六位弟子，不入涅槃，常居人世，以济度众生。书中记载了十六罗汉的名字及他们所住的地方。玄奘译出此书后，十六罗汉在中国得到了佛教信仰者的普遍尊重。

为什么十六罗汉变成了十八罗汉了呢？这是由于绘作十六罗汉的图像时的误会引起的。最早画十六罗汉的是唐末的两位和尚张玄和贯休。他们作画时，把《法住记》的作者庆友和译者玄奘也画到了里面。不料，后人在标明罗汉的名字时，把庆友列为第十七位罗汉，而把第一位罗汉的名字重复在第十位罗汉上。宋代苏轼还对画题了诗。就这样人们把十六位罗汉改成了十八罗汉，将错就错地流传开了。

当然，也有在十六罗汉基础上增加迦叶和军徒钵叹的，有的加达摩多罗和布袋和尚的，也有加降龙和伏虎的。藏传佛教则加摩耶夫人和弥勒。

◎为什么有人说见过"佛光"？

关于"佛光"有三解：其一，是佛所带来的光明，是佛、菩萨成道的象征。佛教认为佛的法力无边，觉悟众生犹如太阳破除昏暗，故云。《念佛三昧宝王论》卷中："金山晃然，魔光佛光，自观他观，邪正混杂。"后来佛教造像中常用头光和背光来象征。头光大多为圆形，背光大多为舟形或莲花形。佛像经佛光的装饰，更为超凡脱俗。其二，指佛像上空呈现的光焰，也指佛像表面的光泽。宋邵博《闻见后卷》卷二十八云："五台山佛光，其传旧矣。《唐穆宗实录》：元和十五年四月四日，河东节度使裴度奏：五台山佛光寺侧，庆云现，若金仙乘狻猊，领其徒千万，自巳至申乃灭。"明李贽《与城老》："（寺庙）既幸落成，佛光灿然。"其三，亦称"峨嵋宝光"。太阳相对方向处的云层或雾层上围绕人影的彩色光环。人背太阳而立，光线通过云雾区小水滴经衍射作用所致。常见于山区，我国峨嵋山最常见。

基于上述，有人说见过所谓的"佛光"，可谓见怪不怪，更何况还有人云亦云之说。

◎为什么将高僧尸体或身骨称为"舍利"？

"舍利"系佛教术语。梵文的音译，因其意为尸体或身骨，所以称之。

相传"舍利"为释迦牟尼遗体火化后结成的珠状物，后亦指德行高深的僧人死后烧剩的骨头。据说其有三种颜色：白色骨舍利、黑色发舍利、赤色肉舍利。又有"全身舍利"和"碎身舍利"之区别。也有"生身舍利"与"法身舍利"之别。前者指如来灭后所留身骨，使人天永获供养之福德。后者指一切大小乘经卷。《大智度论》曰："经卷是法身舍利。"

◎为什么佛教传人中国的时间无法确定？

佛教传人中国的时间，自古以来争论很多，莫衷一是，无法确定。主要原因是，佛教和其他教特别是道教，在中国曾有过激烈的斗争，他们各自为了本教的利益，都尽力提高自己的地位以贬低对方，因而或者拉长自己的历史，或者凭空论道，或者夸大某些历史事实，以致真伪难辨，无法确定佛教传人中国的具体时间。

从目前的史料看，西汉末年在中国内地已有佛教，而东汉时，佛教已逐渐在社会上流传，因此可以说，佛教大概是在两汉之际传人中国内地的。

◎为什么有"贝叶经"之说？

"贝叶经"指刻写在贝叶上的佛教经文。因主要用贝多罗树叶制作，故称之。

其制作过程是：采叶（叶子呈浅棕色时，从叶柄割取，并去掉粗梗；蒸煮晾干（使叶子柔韧，不易裂断）；磨光（使叶片平整光洁）；裁割（按一定规格制成条状）；烫孔（为装订之用）；刻写（用铁笔在叶上刻写经文）；上色（用灯烟调和肉桂油，可使字整醒目，且防潮、防蛀）；装订（将上过色的贝叶晾干后，即可装订成册。封面、封底常用优质木板或象牙板，两边打孔，然后以绳贯穿捆扎）。此种形式的佛经又被称作"梵天"等，后用来泛指佛教经典。

◎为什么外僧安世高被称为中国翻译小乘佛教典籍的代表人物?

安世高,本是安息国太子,是一个多才多学、"名闻西域诸国"的佛教徒,经常讲经说法。

他父亲死后,他将王位让给了他的叔叔,自己不要江山愿出家,游历各国传教。在汉桓帝建和二年(148年),他来到洛阳,不久即掌握汉语。以后20余年,共译佛典35种41卷(现存22种26卷)。他所译的典籍,多属小乘佛教的基本教义和修行方法,以《阿含经》和"禅数"为主,可以说,他是中国翻译小乘佛教典籍的代表人物。

安世高译作的特点是偏于直译,措辞恰当,但译文意义欠明白。他的译经工作止于东汉建宁(168—171年)中,随后他游历了江西、浙江等地,在中国活动约30年。

中华文化十万个为什么

◎为什么说《四十二章经》是中国人最早翻译的佛经？

《四十二章经》，亦名《孝明皇帝四十二章经》。据梁僧佑《出三藏记集》卷二载："《旧录》云：《孝明皇帝四十二章经》，安法师所撰，《录》阙此经。"并补加说明，汉明帝派使者到西域求法，"于月支国遇沙门摩腾译写此经还洛阳。"另据费卡房《历代三宝记》载，《四十二章经》译本有"后汉四十二章经一卷，天竺国婆罗门沙门迦叶摩腾译"，另有支谦所译"《四十二章经》一卷"，翻译年代确定在明帝永平十年（67年）。由此可见，《四十二章经》是中国人最早翻译的佛经。

《四十二章经》内容简要阐述早期佛教的基本教义，多属《阿含经》等的节译和编译。详细阐明沙门250戒，离恶行过关，离烦恼垢染，教人克伐爱欲，证成阿罗汉果。现存的《四十二章经》传本很多。主要有三部：（一）《高丽藏》所收本，原出于宋初蜀版《大藏经》；（二）宋朝真宗注本，明《南藏》始用；（三）宋朝守遂注本，流行较广，明朝智旭的《解》，了童的《补注》，道沛的《指南》，均用此本。

◎为什么严佛调被称为中国译经助手最早的人？

严佛调是我国东汉灵帝时的僧人，临淮人，是中国有记载的最早的汉族僧侣。

他曾与安玄共译《法镜经》一卷，安玄口译，佛调笔受。他曾师事安世高，听讲小乘禅经。主要著作《沙弥十慧章句》一卷，是中国最早的佛教著作。他十分重视禅观，《沙弥十慧章句序》云："十慧之文，广弥三界，近观诸身"。十慧即数息、相随、止、观、还、静、四谛。他擅长胡语，巧于传译，时人传为善译，故此，严佛调被称为中国翻译佛经的译经助手之最早的人。

◎为什么佛教在中国形成了许多宗派？

东汉末，汉译大量佛教经典，佛教教义开始同中国传统的伦理和宗教观念相结合，得到了传播。魏、晋时，佛教般若学受到门阀士族欢迎，同玄学关系密切。南北朝时，佛教广泛传播全国，以宋文帝、梁武帝为代表的南朝各代，普遍把佛教当做"坐致太平"的思想工具，扶持寺院和义学发展；北朝各代虽曾发生北魏武帝和北周武帝灭佛之举，但总的来说，在赞助译经、修建寺院、开凿石窟等方面，仍十分突出。佛经的翻译，从西晋竺法护以来得到很大发展，到南朝陈真谛时已基本完备大小乘佛经的翻译介绍。此期间，经论的各种师说，纷然而起。儒、释、道之间进行长期争论、斗争和相互渗透。隋唐时期，最高统治集团采用三教并用方针，佛教进入鼎盛时期。寺院经济得到高度发展；译经规模与水平皆高出前代；佛教理论由依附汉文译经进而建立起多种独立的体系，适应中国情况的礼仪法规也基本完成，从而形成天台宗、律宗、净土宗、法相宗、华严宗、禅宗、密宗以及三阶教等中国宗派，并传到朝鲜、日本和越南。

另外，在西藏地区，唐初的松赞干布提倡佛教，以后逐渐形成藏传佛教，俗称喇嘛教。

◎为什么天台宗对以后的中国佛教宗派多有影响?

天台宗由隋代和尚智顗(531—597年)所创立。其因智顗住在浙江天台山而得名。其主要教义是五时八教、一心三观、三谛圆融。

所谓五时,就是把释迦牟尼说法分为五个不同的时期,即华严时、阿含时、方等时、般若时、法华涅槃时。天台宗又从释迦教法的内容方面划为化法四教,即从教理上把佛教分为藏教、通教、别教、圆教四个深浅不同的等级。又从教法的方式方面划为化仪四数,即将佛的教法分为顿、渐、秘密、不定四种。"化法四教"与"化仪四教"合称八教。

天台宗宣称世界万物都是人心一念的产物,所谓"一念三千"。又认为一切都因缘所生,无固定不变的实体,故为空,但又必须当做一种错误的概念或"名相"(假观)。空、假是诸法一体的两个对立侧面,不应偏于任何一面,空即假,假即空,这样才符合佛教最高真理——中道的认识。这空、假、中三观都系于信仰者一心,故称"一心三观"。空、假、中都是真实,称为三谛,它们三即一,一即三,三一融通无障碍,故为"三谛圆融"。

由于天台宗是中国佛教最早建立的宗派，其教义又紧依佛教主旨等等，因此对以后的中国佛教宗派多有影响，至今在汉族地区延续不绝。

◎为什么禅宗主张实行禅定？

禅宗的学说在中国可以追溯到菩提达摩。他反对空说义理而主张实行禅定。他提出"二入"即"理人"和"行人"。"理人"要求"舍妄归真"，修一种心如墙壁坚定不移的观法。据说他本人在嵩山少林寺面壁9年，目的是想解决认识问题。"行人"即"四行"，要求人们断绝私欲，按佛教教义修行。它包括抱怨行（放弃一切对抗心理）、随缘行（放弃辨别是非心理）、无所求行和称法行（按佛教教义实践）。

慧能（638—713年）继承了这一学说，在《六祖坛经》里提倡心性本净，佛性本有，觉性不假外求，不读经，不礼佛，不立文字，主张"即心是佛"、"见性成佛"，宣传"放下屠刀，立地成佛"，故自称"顿门"。

禅宗为慧能所创立，那么结合上述，禅宗的主要理论实行禅定其缘便晓。禅宗自慧能后，发展颇盛，至今不绝，成为中国流传最广的佛教宗派。

◎为什么有律宗之说？其主要理论是什么？

律宗，中国佛教宗派之一。律，即戒律，该宗因着重研习及传持戒律，故得名。又因律宗依据五部律中的"四分律"建宗，因而也叫四分律宗。

该宗创立者道宣一生专研律学。从佛教典籍上说，戒律是经、律、论《三藏》之一；从佛教教义上说，戒、定、慧中，戒律为首。因此，律学在佛学中具有重要地位。道宣特别提倡《四分律》，他在终南山创设戒坛，制订佛教受戒仪式，从而形成宗派。律宗的教理分成戒法（佛判定的戒律）、戒行（戒律的实践）、戒相（戒的规定）、戒体。而戒体论则是该宗的主要学说。所谓戒体是受戒弟子从师学戒时所发生而领受在自心的法体，它使受戒人在心理上能构成止恶从善的功能。道宣把戒分为止持、作持两类。止持即"诸恶莫作"之意，规定比丘250戒，比丘尼384戒。作持即"众善奉行"之意，包括受戒、说戒、安居、悔过以及衣食坐卧等种种行持规则。

◎为什么有密宗之说？其主要教理是怎样的？

密宗，佛教宗派。亦称"密教"、"真言宗"等。自称受法身佛大日如来深奥秘密教旨传授，为"真实"言教，故名。据传大日如来授法金刚萨埵，释迦逝后800年时，龙树开南天铁塔，亲从金刚萨埵受法，后传龙智，龙智传金刚智和善无畏。唐开元四年（716年）善无畏带《大日经》来华，与弟子一行译出；开元八年金刚智及弟子不空传人《金刚顶经》，由不空译出，从而把密教输入，并成为中国佛教宗派之一。

密宗以高度组织化的咒术、仪礼、民俗信仰为其特征，主张众生如果修真言咒法、手结契印、心作观想三密同时相应，就能使身口意三业清净，与佛的身口意相应，可以即身成佛。认为世界万物，佛和众生皆由地、火、风、水、空、识六大所造。前五大为色法，属"理"、"因"的胎藏界；识为心法，属"智"、"果"的金刚界。色心不二，金胎为一，二者摄宇宙万有，而又皆具众生心中。佛与众生体性相同。密宗仪轨复杂，对设坛、供养、诵咒、灌顶之类入教或传教仪式等皆有严格规定，需经阿阇梨（导师）秘密传授。

◎为什么唐代时佛教在中国的发展达到了顶峰？

　　唐太宗在清除割据、平息骚乱时，曾得到僧兵的帮助。因此他即位后，便下令全国"交兵之处"均建立寺刹，并设译经院于大慈恩寺，通过译经、宣传，培养了大批高僧、学者。唐太宗本人自称"皇帝菩萨戒弟子"，并鼓励大臣出家，曾两次下诏普度僧尼。高宗继位，又在帝都及各州设官寺，祈愿国家安泰。武则天更借助了佛教为其争夺帝位服务。终唐时，佛教僧人仍备受礼遇。由于统治阶级的大力扶植和支持，佛教在唐代得到了空前的发展。

　　我们可以从《唐会要》记载唐武宗灭佛的这一侧面，来看当时佛教发展的情况：拆毁寺院4600多所，招提、是若等佛教建筑4万多所，强迫僧人还俗260500人，没收寺院土地数千万亩。此外，唐代佛经的翻译也达到了一个空前的阶段。据统计，唐代佛教书籍大约是2400多部，7300多卷。其中新译佛经435部，2476卷。唐代佛教发展到顶峰的再一标志是中国佛教各宗派的创立，除隋代创立的天台宗、三论宗外，唐代创立的主要宗派有净土宗、律宗、华严宗、法相宗、禅宗、密宗等。

◎为什么说曹魏时中国才有了正式的和尚？

在曹魏之前，佛教在中国还没有传授"比丘戒"的活动，一些信佛教的人没有按照佛教戒律出家，只是把头发剪去，与一般人不同罢了。曹魏时期的印僧昙诃迦嘉罗于魏嘉平年间（249—254年）来到魏都洛阳，他精于律学，译出《僧祇戒心》一卷，主张僧众应遵佛制，并请印度及西域僧担任戒师，传授"比丘戒"，从此中国才可以说有了正式的"和尚"。而到南北朝时的宋文帝元嘉年间，中国始有了正式的尼姑。

◎慧可为什么断臂？

慧可，北魏、北齐时僧人。禅宗二祖，据《景德传灯录》卷三、《传法正宗记》卷六载，正光元年（520年）去嵩山少林寺访菩提达摩时，终夜立积雪中，至天明仍不许入室，慧可乃以刀自断左臂表求道之志诚，遂而谒大悟。达摩以四卷《楞伽经》授慧可云："我观汉地，惟有此经，仁者依行，自得度世。"慧可后常依此经说法。

基于上述，慧可断臂，表示其从师的决心，他也因此成就了佛教一番事业。

◎为什么唐僧要"西天取经"？

《西游记》唐僧西天取经的故事，取材于玄奘去印度学习，观察佛教的事迹。那么玄奘为什么去印度？其真实情景又如何呢？

玄奘（600—64），俗姓陈，世家弟子，先人都是做官的。他父母早亡，自小出家，曾游历各地，遍访名师，但觉得仍有许多疑难问题解决不了，于是"誓游西方，以问所惑"。这便是"西天取经"的缘由。

贞观元年，他离开长安，"私往天竺"，历尽千辛万苦，于贞观五年到达摩揭陀国的那烂陀寺受学于戒贤。在该寺五年，他备受礼遇，被选为十名"三藏法师"之一，后遍游印度各地。在戒日王为其举行的佛学辩论大会上，玄奘讲论，任人问难，结果，前后18天，竟无一人能予诘难，一时名震印度，被大乘佛教尊为"大乘天"；被小乘佛教尊为"解脱天"。贞观十九年正月，返回长安，受到唐太宗隆重接见。后由他主述，辩机执笔完成了《大唐西域记》一书。此后，他致力于翻译佛经，前后共译经75部，1335卷。他是中国佛教史上一位重要的、杰出的人物。

◎为什么敬安被称为"八指头陀"？

敬安（1851—1912）清末僧人。因"曾于阿育王寺烧残二指，并剜臂肉燃灯供佛"，所以被称为"八指头陀"。

"八指头陀"俗姓黄，少失依怙，家贫，为邻村农家放牛。长大后，人湘阴法华寺为僧，拜礼东林长老为师。后从岐山恒志禅师参究于恒瑞寺，戒行清苦，好学不倦。曾游岳阳楼，因有"洞庭波送一僧来"之诗句，被郭菊荪称做"语有神助"，并劝其学诗，授其《唐诗三百首》。历住南岳上封寺、长沙上林寺、衡阳罗汉寺等。其间从岳麓山麓山寺笠云芳圃得法。1902年，应请为宁波寺住持，选贤任能，百废俱兴，隐然为僧众领袖。民国初，中华佛教总会在上海成立，遂被推举为第一任会长。后圆寂于法源寺。

敬安平生颇具诗名，有"我虽学佛未忘世"、"国仇未报老僧羞"等句，被称为近代爱国诗僧。著有《嚼梅吟》一卷、《八指头陀诗集》十卷、《续集》十一卷、《文集》二卷、《语录》二卷。

◎为什么有些高僧被称为"佛陀"？

"佛陀"，是梵文的音译，其意为"觉者"、"智者"，即有极高思维能力的人。佛教则指取得最高成果者，其于一切法、一切种相，能自开觉、亦开觉一切有情，如睡醒觉，如莲花开。即具有"自觉"、"觉他"、"觉行圆满"三个修习品位。

据称，凡夫缺此三项，声闻、缘觉缺此后二项，菩萨自觉、觉他，而未为圆满，只有佛才三项俱全。小乘认为，只有释迦是佛；大乘认为，只要能觉行圆满一切众生皆可成佛，宣称三世十方到处有佛，佛数如恒河沙。如过去有七佛、燃灯佛；未来有弥勒佛；东方有阿閦佛、药师佛；西方有阿弥陀佛等。从佛身说，有法身佛、报身佛、应身佛等。而释迦则为众佛之佛，至高无上。所以有些高僧被称之为"佛陀"。

◎为什么称"方丈"?

"方丈",系佛教用语,可作两解:一是佛教称谓,将一寺之主称为方丈,即"住持"、"长老",是用"住持"僧的住所借代进行称谓的;二是指禅宗寺院住持僧的住所。据《维摩诘经》载,维摩诘居士所居之室。一丈见方,但容量无限,禅宗基于此说,于是用"方丈"二字为住持所居之室命名。亦称"丈室、"函丈"、"正堂"、"堂头"等。

◎为什么"四谛"又叫"四圣谛"?

谛是"真理"的意思。四谛,即苦谛、集谛、灭谛、道谛。这四谛被佛教认为是神圣的"真理",因此又叫"四圣谛"。

◎为什么称高僧为"长老"？

"长老"，是佛教称谓，即对出家年岁较高而有德行之高僧的尊称。《十诵律》卷三十九云："佛言：从今下座比丘唤上座言长老。尔时但唤长老不便，佛言：从今唤长老某甲，如唤长老舍利佛、长老目犍连、长老阿难。"《增一阿含经》云："阿难白世尊：如何比丘当云何自称名号？"世尊告曰："若小比丘向大比丘称长老，大比丘称小比丘名字。"

"长老"又是中国佛教禅宗对住持的尊称。《百丈清规》卷二云："始奉其师为住持，而尊之曰长老。"

◎为什么佛教讲"惟我独尊"？

"惟我独尊"系佛教用语。因据传为佛陀初生时所语，是三世诸佛的常法，所以佛教很讲究"惟我独尊"。佛教经典是这样记载的，《长阿含经·大本经》云："佛告比丘，诸佛常法，毗婆尸菩萨，当其生时从右胁出出，专念不乱。从右胁出

堕地行七步无人扶持。遍观四方，举手而言：天上天下惟我独
尊。要度众生生老病死，此是常法。"《敦煌变文集·太子成
道经》卷一："天上天下，惟我独尊。"《五灯会元·佛释迦
牟尼》："天上天下，惟吾独尊。"

惟我独尊，本为佛教推崇释迦牟尼之语，现用以形容极端
自高自大，认为只有自己最了不起。

◎为什么说"诸法无我"？

"我"是指主宰一切的灵魂。有我无我是佛教与婆罗门教
斗争的焦点。

婆罗门教主张"梵我一切"，梵是宇宙的最高主宰，而
"我"则是梵的一部分或梵的化身，"我"其量广大，其边际
难测，只有亲证梵我同一，才能真正解脱。

佛教则认为，世上万物都不是独立的实体，是由种种要
素结合而成的，如同房子由沙石瓦木结合而成一样。人也没有
常恒自在的主体"我"，他是由"五蕴"（色、受、想、行、
识）组成。所谓"蕴"，就是堆，不同的现象为一类，每类一
堆。人类就是由这样一些物质要素和心理现象结合而成的，一
成不变的"我"是没有的。由此，佛教认为，客观世界并不存
在一个主宰者，即"法无我"，而人也不存在着一个起主宰作
用的灵魂（"人无我"）。然而，佛教又主张业报轮回，这就

产生了问题：谁在轮回？轮回的主体是什么？为此，后来的佛教各派对此说曾有过许多争论。

◎为什么说烦恼即菩提，生死即涅槃？

"烦恼即菩提，生死即涅槃"，系佛教用语，大乘佛教认为人可在烦恼中证得菩提，在生死中证得涅槃。《大集经》卷九十："常行生死得涅槃，于诸欲中实无染。"《摩诃止观》卷一："无明尘劳即是菩提，无集可断。……烦恼亦即是菩提，是名集谛。"《法华玄义》卷九："体生死即涅槃名为定，达烦恼即菩提名为慧。"《十不二门指要钞》卷上："离若三道即三德，如烦恼即菩提，生死即涅槃。"《教观大纲见闻）："密教谓爱染明王表烦恼即菩提，不动明王表生死即涅槃。显教谓龙女表烦恼即菩提，提婆表生死即涅槃。"

◎为什么有"世界"之说？

"世界"系佛教用语，指时间和空间。《楞严经》卷四云："何名为众生世界？世为迁流，界为方位。汝今当知，东、西、南、北、东南、西南、东北、西北、上、下为界，过去、未来、现在为世。"又称世间。《名义集》卷三云："间之与界名异义同，间是隔别间差，界是界畔分齐。"沈约《齐禅林寺泥净秀行状》："忽自见大光明遍于世界、山河树木，浩然无碍。"

◎为什么将众生世界称为有情世间？

有情世间，系佛教用语。"有情"，指有情识的生物，也称为"众生"；"世间"，指不断迁流变化的世界。有情世间就是有情众生自体，有情生命的种种领域。这是佛教对人和其他动物以及某些虚构的生类的通称，因此将众生世界称为有情世间。

◎为什么有"华藏世界"之说？

华藏世界，亦称"莲花藏世界"。指释迦牟尼真身毗卢舍那佛净土之名。《华严经》宣传世界是毗卢舍那佛的显现，各类生灵、山河大地，一切现象都是佛体，一切声音都是佛法的狮子吼。

中国佛教华严宗据此突出毗卢舍那佛的地位，强调毗卢舍那佛是莲花藏世界的教主，进而宣传莲花藏世界构成的特别妙胜。莲花藏世界是属于佛教化众生的国土，由须弥山无数风轮所持，最上风轮能持上面的一切宝焰，最上风轮能持香水海，香水海中有大莲花，四周为金刚轮山所围绕。莲花藏世界有无数香水海，每一香水海中各有大莲花，每一莲花又都包藏无数世界，所以称为莲花藏世界。莲花中包藏的多层次世界，次第布列，其中第十三重为娑婆世界，为人类所居住。由于整个华藏世界是光明灿烂的世界，因此在这个世界里，人人都可以成佛。人人都有佛的本性，只要彰显佛的本性，就成为佛。

◎为什么将生存环境称为"器世间"？

《俱金论》卷十一云："如果已说有情世间，器世间当今说。"《楞严经》卷四云："元始众生世界，生缠缚故。于器世间，不能超越。"由此可见，佛教将日月山河、草木、园林宫室等无情识的物体，为有情众生所依赖的生存环境称作了"器世间"。

◎为什么有"三世两重因果"之说？

十二因缘说提出之后，佛教的各派对它进行了不同的解释。其中，小乘佛教以轮回之说，认为只要达不到涅絮，就要按照十二因缘的环节轮回受苦，从而提出了"三世二重因果说"。它把"天明"、"行"看作是过去的原因。而"识"、"名色"、"六处"、"能"、"受"则是现在世的结果；由"爱"、"取"、"有"作为现在世的原因，"生"、"老死"则作为未来世的结果。这样，就是"三世两重因果"说了。

◎为什么"三界"都是"迷界"？

三界指欲界、色界、无色界。这是佛教对众生所存在的世俗世界所划分的三种境界。

俗界指具有"五欲"（财、色、名、食、睡）的众生所居住的地方，包括地狱、畜牲、饿鬼、六欲天和人。其中，地狱有"八处"，人有"四处"，天有"六处"。

色界，位于欲界之上，是高欲的众生居住的地方。色界有"四静虑"十七天，其离不开物质。

无色界为无形众生所居，又在色界之上。包括四天，称"四无色天"、"四空天"。此四处皆以不同定心境界立名，有空无边处、识无边处、无所有处、非想非非想处。

佛教认为，凡修"四静虑"者，死后可生色界；如不进行这种禅定，或达不到水平者，死后则生欲界；而修"四无色定"者，死后可生无色界；但不管如何，"三界"都是"迷界"，只有达到"涅槃境界"，才能最终解脱。

◎为什么说"涅槃寂静"是一种境界？

涅槃是梵文的音译，意译为圆寂、灭度等。它本来的意思是指火的熄灭或风的吹散的状态，佛教把它作为自己的最高理想境界。

为什么说它是一种境界呢？佛教认为：这是一种与现实世界对立的，完全排除了外在事物，排除了欲望、烦恼，排除了生死，排除了一切主观的理智、感受等的超时光、超经验、超苦乐的，只能意会不可言传的境界。这也是一种永恒寂静的安乐境界，是"惟圣者所知"的境界，是功德圆满的境界。佛教也把它用作对名僧去世的代名词。涅槃也就是道谛的最终目的。

◎为什么有"六界"之说？

"六界"，指六种普遍存在于一切法界，造成有情无情世界的基本元素。有地、水、火、风、空、识，又称"六大"。

《俱金论》卷一云：地水火风称"四大种"，是构成一切物质现象的基本因素；"空界"，指"内外窍隙"，如门窗口鼻等，亦为现象生成的必要条件；"识界"，指"诸有漏识"，即众生的意识，为众生生存的基本条件。前五界属色法，后一界属心法。《大日经》云："六大无碍常瑜伽"，认为六大是自他无碍，彼此相应的。密宗认为世界万物，佛和众生都由这六大所造。前五大为色法，属胎藏界，是大日如来的显现。它表现"理性"方面，即本有觉悟，因隐藏在烦恼中而不显，故名胎藏。识为心法，属金刚界，表现"理德"方面，任何法不能破坏它，而它却能摧毁一切烦恼。色心为二，金胎为一。二者摄宇宙万有，而又能具众生心中，所以佛与众生没有根本差异。众生修持密法如能达到身、口、意"三密相应"，就能使自己身、口、意"三业"清净，而与佛的身、口、意相应，这样就可以"即身成佛"。

◎为什么佛教徒向往"极乐世界"？

"极乐世界"也称净土、乐邦，是佛教徒信仰的理想世界。它源于婆罗门教，认为净土是毗湿奴（护持神）所居住的天界。小乘佛教也有一些人信奉这一思想，但只有大乘佛教才把它发展为一种系统的思想派别。在大乘佛教的经典提到的净土有兜率天净土、灵山净土、莲花藏世界、琉璃净土等。而最详细描述净土思想的，则是《无量寿经》、《观无量寿经》、《阿弥陀经》等，净土宗就是根据它们而建立的。净土宗认为，人只要念佛，修观，死后便可进入极乐世界。极乐世界的教主是阿弥陀佛。

佛教认为，时间、空间、佛土都是无穷无尽的，而在每一佛土中，都有一位佛教化众生，而极乐世界则是这无穷无尽世界中的一个。按《阿弥陀经》中的说法，它离人们居住的地方有"十万亿佛土"远，那里无量功德庄严、声闻、菩萨无数。在那里，有好住的，宫殿、精舍、楼观等均以七宝庄严，微妙严巧；有好听的，万种伎乐皆是法音；还有好吃的，百味饮食，随意而来。其国人美貌端庄、智慧广博。总之，按佛教说法，在那里，但享其乐，全无痛苦。

◎为什么佛教高僧临死前都祈求"往生"兜率天？

兜率天是梵文的音译，其意为"妙足"、"知足"、"喜足"。

佛经上说，兜率天有内外两院。外院是欲界天的一部分，是诸天人众游乐处；内院是补处菩萨住处，也就是弥勒寄居于欲界的"净土"。所谓补处菩萨，就是修菩萨道已达最高境界而等下生人间成佛的菩萨。释迦牟尼下生成佛前便寄居于此。释迦成佛后，弥勒补缺进住此处，等56亿7千万年后下生阎浮提就佛道，释迦牟尼的生母摩耶夫人死后也"往生"于此。兜率天一昼夜相当人间400年，此天居者彻体光明，能照耀世界。

基于上述，许多德高望重的佛教大师如玄奘法师、道安和尚等，临死前，都祈求"往生"兜率天的原因，也便显而易见了。

◎为什么将"八正道"比喻成"八船"或"八筏"？

"八正道"，是佛教认为通向最高境界涅槃的八种方法和途径。它们是：（一）正见，即对佛教"真理"四谛说等的正确见解；（二）正思，即对佛教义理的正确思维；（三）正语，即不讲违背佛教义理的话语；（四）正义，即应有符合佛教义理的行为；（五）正命，即按佛教戒律规定，过正当合法的生活；（六）正精进，即正确地努力学习佛法和修行；（七）正念，铭记佛教的四谛说等"真理"；（八）正定，按照佛法规定进行禅定。

总之，八正道就是要求佛教徒在生活上，语言、思想、行为、规范、生活方式、一举一动、一言一行都要符合佛教教义。只有这样做，才是"正确"的，才能够从迷界的此岸到达悟界的彼岸，因此便将这"八正道"比喻为"八船"或"八筏"。

◎为什么佛教要提出"因果报应"？

"因果报应"说的提出，是为了进一步支持佛教教义。因为要人们克服对佛教"真理"的盲目无知，要人们抛弃生活的"贪爱"，要人们追求"涅槃"的境界，毕竟还解决不了被压迫的人民的各种痛苦，人们自然要问：按佛教的"真理"去做，究竟有什么好处？不按其做，又会有什么结果？为此，"因果报应"的理论便应"时"而生。

按照佛教的说法，"因"，即产生结果的原因，包括事物存在发展的条件。"果"，即由原因而导致的必然后果，一切思想行为都肯定会引起相应的结果，在没有得到结果以前，"因"是不会消失的；反之，没有"因"，是不会有任何结果的。佛教根据这种观点，进一步提出"三世因果"，即今天人们命运的好坏，是前生行善或作恶的结果；而今生个人的善恶行为，又必然为来世的祸福所报应。《三世因果经》云："三世因果非可小，佛言真语莫非轻。今生做官为何因，前世贵金妆佛身。前世修来今世报，紫袍金带佛前求。贵金妆佛妆自己，云盖如来盖自己。"这种三世因果报应论给信佛的人们以一种美好的"希望"，拨动了受苦受难的人们的心弦，自然人们会去信仰它。

◎为什么"轮回"业报，众生平等？

　　"轮回"比喻众生的生死流转，永无终期，像车轮旋转不停一样。其原为印度婆罗门教的主要教义之一，后来佛教沿袭并加以发展，注入自己的教义。《法华经》："以诸欲因缘，坠堕三恶道，轮回六趣中，备受诸苦毒。"《心地观经》卷三："有情轮回生六道，犹如车轮无始终。"

　　佛教主张在"轮回"业报面前，"四姓"众生一律平等。据《杂阿含经》卷十二、《长阿含经》卷六等云：下等种姓今生积"善德"，下世即可生为上等种姓，甚至生到天界；而上等种姓今生有"恶行"，下世亦可生为下等种姓，以至下地狱，并由此说明人间不平等的原因。佛教宣传根据众生生前善恶行为的不同而有五道轮回，后来犊子部北道派于第四位加"阿修罗，为六道轮回"。"道"指众生轮回往来的道路。《观念法门》："生死凡夫罪障深重，轮回六道。"

　　综上，佛教主张的轮回业报同婆罗门教认为四大种姓以及"贱民"在轮回中是生生世世永袭不可改变的主张是相对的，是劝世人多积善德，少作恶行。

◎为什么要现身说法？

"现身说法"，系佛教用语，指佛、菩萨现出种种身形，向众生弘扬佛法。

为什么要现身说法？可见佛经所云，《楞严经》卷六："我与彼前，皆现其身，而为说法，令其成就。"《景德传灯录.释迦牟尼佛》："亦于十方界中现身说法"。另外，清袁枚《随园诗话补遗》："（徐灵胎）度曲赠我云：'端的是菩萨重来，现身说法，度尽凡夫。'"根据上述可见，佛、菩萨现身说法是"令其成就"、"度尽凡夫"。

后来，现身说法一语比喻以亲身经历为例证，向人进行讲解或劝导。

◎为什么有"不为佛形，名为化身"之说?

"不为佛形，名为化身"，意思是说，不是佛的样子，是佛、菩萨为化度众生，在世上现身说法时变化的种种迹象。

宋苏轼《东坡志林·谈坛经》说："近谈六祖《坛经》，指说法、报、化三身，使人心开目明，然尚少一喻，试以喻眼：见是法身，能见是报身，所见是化身。"《大乘义章》云："佛随众生现种种形，或人或天或龙或鬼，如是一切，同世色像，不为佛形，名为化身。"

◎为什么佛教禁止"五欲"? "五欲"指哪五种欲望?

"五欲"是佛家语，亦称"五妙欲"、"五欲德"等。其说法有两种：一为色、声、香、味、触五种情欲；其二称财欲、色欲、饮食欲、名欲、睡眠欲为五欲。佛家将五欲看作众生流转生死的原因。又称"众生为五欲所恼，而犹求之不已。此五欲者得之转剧，如火炙疥……为后世受无量苦"。

◎为什么有"三宝"之说？

"三宝"，系佛教用语。指佛、法、僧。其说源于《释氏要览·三宝》："三宝，指佛、法、僧。"

另外，其他佛教经典还说出了"三宝"的重要性和详解。《安般守意经序》云："佛家三宝，众冥皆明。"《法华经·方便品》云："思惟是事已，即趣波罗奈，诸法寂天相，不可以宣言，以方便力故，为五比丘说，是名转法轮，便有涅槃音，及补阿罗汉，法僧差别名。"《观无量寿经》："恭敬三宝，奉事师长。"

后来，人们常用"三宝"一词借代佛教。如：宋苏轼《真相院释迦舍利塔铭》："皆性仁行廉，崇信三宝。"《初刻拍案惊奇》卷十九："会吾事已毕，少不得皈依三宝。以了终见。"

◎为什么佛教也有"五行"之说?

佛教的五行可见《大乘起信论》,即布施行、持戒行、忍辱行、精进行、止观行。《涅槃经》卷十一又将五行分为圣行,即菩萨修戒定慧之三业;梵行,即梵者清净之义,以净心面运慈悲,为众生拔苦与乐;天行,天为四天中之第一义天,即天然之理,菩萨由天然之理而成妙行,是为天行;婴儿行,即婴行譬人天小乘,菩萨以慈悲之心示现人天小乘小善之行;病行,即菩萨以大慈悲和一切众生,同有烦恼同有病苦。

◎为什么有"三生"之说?

"三生"系佛教用语。即三世转生之意。其说源于《景德传灯录》:"有一省郎,梦至碧岩下一老僧前,烦穗极,微云此是檀越结愿,香烟存而檀起己三生矣。"白居易也曾用"三生"作过诗:"世说三生如不谬,其疑巢许是前身。"此三生指转世而言,又有诸宗所立三生成佛之义,如声闻乘三生、天台三牛、华严三生等。

◎为什么有"六根不净"之说？

"六根不净"是对"六根清净"的否定，"六根清净"是指修行者的六根不染六尘。"六根"，即眼、耳、鼻、舌、身、意。"六尘"即六根所感觉认识的六种境界。

《法华经·法师切德品》云："若善男子善女子，受持是法华经，若读若诵，若解说，若书写，是人当得八百眼功德，千二百耳功德，八百鼻功德，千二百舌功德，八百身功德，千二百意功德，以是功德庄严，六根皆令清净。……父母所生清净肉眼，见于三千大世界内外所有山林河海，下至阿鼻地狱，上至有顶，亦见其中一切众生及业因缘果报生处，悉知悉知。……以是清净意根乃至闻一一偈一句，通达无量无边之义。"《普贤观经》云："乐得六根清净者，当学是观。"《圆觉经》云："心清净，眼根清净，耳根清净，鼻舌身意复如是。"《大智度论》云："布施时，六根清净善欲心生。"

综上，"六根不净"即受六尘所染，与"六根清净"相反相对。

◎为什么佛教讲"五戒"?

佛教规定，在家男女佛徒终身应当遵守五条戒律，即（1）不杀生（一切有生命的东西都应尊重，不得杀害）；（2）不偷盗（不能偷盗别人的东西）；（3）不邪淫（不发生不正当的男女关系）；（4）不妄语（不随便乱说，要句句实言）；（5）不饮酒（保持心神的宁静）。

《大乘义章》卷十二云："言五戒者，所谓不杀、不盗、不邪淫、不妄、不饮酒，是其五戒也。此五能防故名为戒。前三防身，次一防口，后之一种通防身口，护前四故。"所以佛教讲究"五戒"。

◎为什么佛教讲究"五味"？

因为"五味"有其三义：一是指牛乳等五味。《大般涅槃经》卷十四云："譬如从牛出乳，乳出酪，从酪出生酥，从生酥出熟酥，从熟酥出醍醐，醍醐最上。若有服者，众病皆出。"二是喻法。《大般涅槃经》卷十四把该经喻为醍醐。《法华玄义》卷十下把"五时"判教譬喻五味：乳譬第一华严时，说《华严经》；酪譬第二鹿苑时，说《阿含经》；生酥喻第三方等时，说《大方等大集经》等；熟酥喻第四般若时，说《般若经》等；醍醐喻第五法华涅槃时，说《妙法莲花经》、《大般涅槃经》。三是喻人。《大般涅槃经》卷十云："声闻如乳，缘觉如酥，菩萨之一如生、熟酥，诸佛世尊犹如醍醐。"

◎为什么"劫波"有"四劫"？

"劫波"意谓时分、长时、大时，是不能以通常的年月日时计算的极长时间，与极短的时间"刹那"相对。

佛教对"劫波"有数种说法。《大智度论》卷三十八："劫簸，秦言分别时节。""时中最小者六十念中之一念，大时名节。"《慧苑音义》上："劫，梵言，具正云羯腊波，此翻为长时。"《释迦氏谱》："劫是何名？此云时也。若依西梵名曰'劫波'，此土译之名大时也，此一大时其年无数。"劫又分多种，以人的寿命无量岁中，每一百岁减一岁，如此减至十岁，称为减劫。再从十岁起，每一百岁增一岁，如此增至八万岁，称为增劫。合此一减一增为一小劫。合二十个小劫为一中劫。成、住、坏、空分别是一中劫。总合成、住、坏、空四劫为一大劫。

佛教认为，宇宙在时间上是无限的，是既有消有长而又无始无终的。世界消长一周期中经历成、住、坏、空四期，因此"劫波"也称为成、住、坏、空四劫。

◎为什么有禅、禅定、参禅之说？

禅，是梵文的音译，"禅那"的简称。汉文的意译就是"静虑"，也就是静中思虑。认为只有心绪宁静专注，才能深入思虑佛教义理。这种静虑，按照修行层次，共分四种，称四禅或四静虑（初禅、二禅、三禅、四禅），从一禅到四禅，形成不同的四种境界。

禅定，是禅和定的合称，定，是三学（戒、定、慧）之一，中国惯把"禅"与"定"并称。它指通过精神集中，思考特定对象而获得对佛教真理的悟解或功德的一种修习活动。中国禅宗对禅定的观点有新的发展。它不再限于静生凝心专注观境的形成，而重在"修心"、"思性"。

参禅，是禅宗的修持方法，即将心专注在法境上，一心参究，求得"明心见性"。

◎为什么说"渐悟"与"顿悟"是佛教中相对的术语?

"渐悟"是指经过长期的按次第修习后,才能逐渐获得对佛教"真理"的觉悟。而"顿悟"则相反,主张无须经过长期修习,只要掌握佛教"真理",便可突然地觉悟。由此可见,"渐悟"和"顿悟"是佛教中相对的术语。

"顿悟说"由来已久,在佛教经典中早有记载,但真正创立此学说的,是我国东晋时的僧人竺道生。他认为佛理是一个整体不可分割,因此对佛教"真理"的理解,不可能分阶段或一点一滴地觉悟。同时认为众生皆有佛性,见性即可成佛,不用按次第修习。此种说法的提出,影响很大。随着佛教在中国的发展,隋唐后不同的教派在"渐"、"顿"上争论激烈,禅宗一般主张顿悟说,其余各宗则主张渐修。但禅宗内部也有争论,南宗慧能力主顿悟,而北宗神秀则重渐修。"顿悟"说对中国文化特别对宋明哲学思想的发展有较大影响。

◎为什么说"苦海无边"?

"苦"是佛教教义的出发点。它认为,人生在世,"一切皆苦"。释迦牟尼在波罗奈斯曾对人生之"苦"做过这样的说教:"比丘们,这就是痛苦的神圣的真理:出生是痛苦,老年是痛苦,死亡是痛苦,和不可爱的东西会合是痛苦,和可爱的东西离开是痛苦,求不到所欲望的东西是痛苦,总之是一切身心之苦。"

佛教甚至认为人在娘胎里时,就开始受苦了。它说,胎儿在娘肚子里时,受黑暗的苦,受热汤烫着、冷水冰着的苦。怀胎十月,胎儿离开母体时,又受狭小产道的压迫之苦。婴儿娇弱及至长大,还受病痛的苦,晚年受步履维艰的苦,最后还免不了受死的苦。死了又生,生生死死,不断受苦。因此说"苦海无边"。

◎为什么摆脱世俗烦恼和束缚谓之解脱？

《成唯识论述记》卷一云："纵任无碍，尘累不能拘，解脱也。"解谓离缚，脱谓自在。"《华严大疏》卷五云："言解脱者，谓作用自在。"《显扬圣教论》卷十三云："能脱种种贪等系缚，故名解脱。"《顿悟入道要门论》上云："问欲修何法，即得解脱。云何顿悟？答：顿者，顿除妄念；悟者，悟无所得。"《成唯识论述记》卷一又云："言解脱者，体即圆寂。由烦恼障缚诸有情，恒处生死；证圆寂已，能离彼缚，立解脱名。"《大乘义章》卷二云："涅槃果德，绝缚名脱。""言解脱者，自体无累，名为解脱，又免羁缚，亦曰解脱。"

基于上述，对于佛教来说，摆脱了世俗烦恼和束缚，得到了精神上的自由，那么就谓之解脱。

◎为什么说常念"六字真言"可得解脱？

"六字真言"，指唵、嘛、呢、叭、咪、吽六个字，据说是佛教秘密莲花部的"根本真言"。

"唵"，表示"佛部心"，意思是说念此字时，要将自己的身体应于佛身，口应于佛口，意应于佛意，此三项成为一体，才能有所成就；"嘛"、"呢"表示"宝部心"，据说其宝得自龙王脑中，若得此宝珠，人海能无宝不聚，上山能无珍不得，因此又叫"聚宝"；"叭""咪"合一起，意为莲花，表示"莲花部心"，用它比喻法性像莲花一样"出淤泥而不染"，纯洁无瑕；"吽"，表示"金刚心部"，意思是祈愿成就，那就是必须依靠佛的力量，才能得到"正觉"，成就一切，普度众生，最后达到成佛的愿望。

藏传佛教把这"六字真言"看作佛教经典的根源，主张佛教徒要往复持诵、念念不忘，这样才能功德圆满，可得解脱。

◎为什么说"醍醐灌顶""能使清凉头不热"?

《本草纲目·兽一》"醍醐"引寇宗奭曰:"作酪时,上一重凝者为酥,酥上如加油为醍醐,熬之即出,不可多得,极甘美。"《涅槃经》卷十四:"从般若波罗蜜出大涅槃,犹如醍醐,言醍醐者,喻于佛性。"天台宗喻《法华》、《涅槃》为醍醐;真言宗喻陀罗尼藏为醍醐。醍醐灌顶,亦即纯酥油浇到头上。《敦煌变文集·庐山远公话》:"相公闻法,由于甘露人心,夫人闻言,也似醍醐灌顶。"由此可见,醍醐灌顶系佛教用语。指以智慧灌输于人,使人彻悟。也正因此,顾沅便有诗云:"岂知灌顶有醍醐,能使清凉头不热"(《行路难》)。

◎为什么佛教讲"不二法门"?

"不二法门","不二",亦称"无二"、"离两边";"法门"指修习佛法获得佛果的门户。那么,认识到一切现象无有"分别"或超越各种区别,即悟入"不二法门"。

《大乘义章》卷七:"言不二者,无异之谓也,即是经中一实义也。一实之理,妙寂理相,如如平等,亡于彼此,故云不二。"《不二入品》鸠摩罗什的译文是这样的:"我,我无所为二。因有我故,便有我所;若无有我,则无我所。"中国禅宗把"不二法门作为一种处世态度和发挥"禅机"的方法。《坛经》在总结"说法不失本宗"时要求"动用三十六对,出没即离两边,出语尽双,皆取对法"。对论题两方面皆不执著,以此表示公正全面。

综上,显见佛教对"不二法门"这一佛教用语的讲究与重视。

◎为什么说"呵佛骂祖"是超越前人的做法?

"呵佛骂祖"系佛教禅宗用语。《景德传灯录·宣鉴禅师》:"是子将来有把茅盖头,呵佛骂祖者在。"宋杨时《龟山先生语录》卷一云:"圣人以为寻常事者,庄周则夸言之。庄周之博,乃禅家呵佛骂祖之类也。"元耶律楚材《请容公和尚住竹林疏》云:"呵佛骂祖,且存半面人情;揭山掀海,便有一般关捩。"明梅鼎祚《玉合记·缘合》云:"使不得呵佛骂祖。"由此可见,呵佛骂祖是指如能解缚去执,不受前人拘束,那么就可能超越前人。

◎为什么佛性对人有可能和不可能之说？

"佛性"是梵文和汉文的并译，意为"如来性"、"觉悟"。"佛"即觉悟，"性"指不变。"佛性"的原意是佛的本性，但在后来的发展中逐渐变为成佛的可能性，因而有"因性"、"种子"、"如来藏"、"法性"、"真如"、"实际"等不同的说法。

不同的教派对佛性的普遍性有不同的看法。大乘佛教认为众生都有佛性，人都有成佛的可能性。小乘佛教则不同此说，它并不认为任何人都有佛性，有些人，即使再勤修也不可能成佛，这是他们的根器决定的。因此，他们对佛性有不同的见解。就一般而言，"佛性"有三因，即正因佛性（先天具有的）；了因佛性（学习佛理后所获得的智慧）；缘因佛性（能引出佛智的善行）。我国佛教一派天台宗又在此加上了"果佛性"（达到佛果所具有的智慧）和"果果佛性"（达到大涅槃时的"断德"）。而另一宗派五台宗则把佛性归纳为"理佛性"（人皆有之的不生不灭的法性）和行佛性（众生有无不定，有此佛性的才能成佛）。另外还有三种佛性说，即自性住佛性、引出佛性和至得果佛性。

◎为什么说"骑驴觅驴"是参禅之一病?

"骑驴觅驴"系佛教用语,比喻物本已有而反外求。《景德传灯录·志公和尚大乘赞》卷二十九云:"不解即心即佛,真是骑驴觅驴。"言不见己心之佛性而迷。关于"骑驴觅驴"是参禅之一病之说,可见《大藏一览》,上云:"参禅有二病:一是骑驴觅驴,一是骑不肯下。"此语又作"骑牛觅牛"和"骑马找马"。

◎为什么说"佛高一尺,魔高一丈"?

"佛高一尺,魔高一丈",系佛教用语,"佛",指佛法,魔,指魔法。此语的意思是说正气难以修得,而邪气却容易高过正气,那么此语的教化作用就是告诫修行者要警惕外界的诱惑。此语后来用以比喻一方势力增长,与之势力对立的一方则加倍增长。

◎为什么贪、嗔、痴被称为"三毒"？

贪、瞋、痴之所以被称为"三毒"，是因为在诸烦恼中，此三者被视为尤能毒害众生，成为产生其他烦恼的根本，故此又称"三不善根"，被列为"根本烦恼"之首。

佛教经典是这样解释的。《智度论》卷三十一云："有利益我者生贪欲，违逆我者而生瞋恚。此结使不从智生，从狂惑生，故是名为痴。三毒为一切烦恼根本。"《大乘义章》卷五本云："然此三毒，通摄三界一切烦恼。一切烦恼能害众生，其犹毒蛇，亦如毒龙，是故喻龙名为毒。"《止观》卷五云："四大是身病，三毒是心病。""心起三毒，即名三毒。"（卷六）《涅槃经》："毒中之毒无过三毒。"《别译杂阿含经》卷十一云："能生贪欲、瞋恚、愚痴，常为如斯三毒所缠，不能远离获得解脱。"《仁王经》云："治贪瞋痴三不善根，起施慈慧三种善根。"《净影疏》下："小乘法，化教断三毒名除三垢。"

◎为什么向"佛头着粪"?

"佛头着粪"系佛教用语。为什么向"佛头着粪",可用《景德传灯录·如会禅师》中的一段对话来回答:"崔相公入寺,见鸟雀于佛头上放粪,乃问师曰:'鸟雀还有佛性也无?'师云:'有。'崔云:'为什么向佛头上放粪?'师云:'是伊为什么不向鹞子头上放?'"此语后来比喻美好的事物上被加上了不好的东西,表示被轻慢、亵渎,亦作"佛头著粪"。如苏曼殊《与高天梅论文学书》:"拙诗亦见录存,不亦佛头著粪耶?"

◎为什么佛家也讲"一丝不挂"?

"一丝不挂"指不著衣物,赤身露体。而其作为佛教用语,它是比喻人不应受尘世的丝毫牵累,以宣传出世思想。又作"寸丝不挂"。据《景德传灯录·池州南泉禅师)载:"南泉师问陆亘曰:'大夫十二时作什么生。'答曰:'寸丝不挂。'师曰:'犹是阶下汉。'"黄庭坚《豫章集·僧景宗相访寄法王航禅师》诗："一丝不挂鱼脱渊，万古同归蚁旋磨。"宋张孝祥《请龙牙长老疏》："一丝不挂，无人无我无众生；万境皆融，能纵能容能杀活。"

◎为什么有"佛眼"之说？

佛教认为，"佛眼"乃五眼之一。佛为觉者，能洞察一切，具有超凡的眼力，故觉者之眼称佛眼，因此有此一说。

《无量寿经》卷下云："佛眼具足，觉了法性。"《无量寿经义疏》云："前四是别，佛眼是总。"《法华文句》卷四云："佛眼圆通，本胜兼劣，四眼八佛眼，皆名佛眼。"《毗尼止持音义》云："谓具肉天慧法四眼之用，无不见知，如人见极远处，佛见则为至近；人见幽暗处，佛见则为明显，乃至无事不见，无事不知，无事不闻。闻见互用，无所思惟，一切皆见也。"宋苏轼《赠杜介》诗："何人识此志，佛眼自照嘹。"

另外，佛眼也比喻以慈悲为怀、宽以待人者之眼。

◎为什么说凡心无定为"心猿意马"？

"心猿意马"，系佛教用语，比喻凡心无常、无定而又多变。

《慈恩传》卷九云："愿托虑于禅门，澄心于定水，制情猿之逸躁，絷意马之奔驰。"《维摩诘经·菩萨品变文》云："卓定深沉莫测量，心猿意马星颠狂。情同枯木除虚妄，此个名为真道场。""心猿意马"又作"意马心猿"。《心地观经》卷八云："心如猿猴，游五欲树，暂不住故。"《赵州录遗表》云："心猿罢跳，意马休驰。"后多用以比喻心神不定。宋刘学箕《沁园春·叹世》词："百年光景浮云，把意马心猿早收。"

总之，在佛教里，凡是凡心无定，便可谓之"心猿意马"或"意马心猿"。

◎为什么说"业"就是造作?

"业",是梵文的意译,指一切身心活动。一般可分为身业(行为)、口业(也称语业,即语言)、意业(思想活动)。

佛教认为,业能产生果,称果业,而结果的业称业因,但业又受烦恼支配,因而构成惑(烦恼),业,果之间的因果关系。业的分类有很多,有表业(行为和语言能为人所知,故称表业)、无表业(由行为语言于身中所产生的善恶功能不为人知,故称无表业)、引业(业因产生业果,按因果报应论,报有分别,能引发总报的业称为引业)、满业(成满别报的业称满业)等。由此可见"业"就是造作。

◎为什么说"诸行无常"?

佛教认为,世界万物和各种现象,都处在生灭变化的无常中,一切都在"此生彼生,此灭彼灭"的相互依存中,人也在由生到死,由死到生的变化无常中。

关于"无常",佛教典籍中常提到的有:"刹那无常",

即在一刹那中，事物就有生、住、异、灭的变化；"相续无常"，即事物有变化，但这个变化是有过程的，这个过程分为四个互相联结的阶段，即生（事物的生起）、住（事物形成后的稳定性）、异（稳定中又在变异）、灭（现象消灭）。"无常"有时又指众生无常，人生无常，世界无常和诸行无常。诸行无常，即人的思想也是瞬息万变的，恒常不变的思想观念是不存在的。

◎为什么有"心心相印"之说？

"心心相印"系佛家用语，指彼此契合，心意相投。

此语由中国佛教禅宗"以心印心"之说转变而来。《黄蘗传心法要》云："自如来付法迦叶以来，以心印心，心心不异。印著空，即印不成文，印著物，即印不成法，故以心印心，心心不异。"《坛经》云："师曰：吾传佛心印，安敢违于佛经。"《佛果圆悟禅师碧岩录》云："单传心印，开示迷途。"《祖庭事苑》卷八云："心印者，达摩西来不立文字，单传心印，直接人心，见性成佛。"刘禹锡文曰："佛灭度后，大弟子演圣言而成经，传心印曰法，承法而能传曰宗。"意思是说，不藉言语，以心印证佛法。后来此语形容彼此心意相投，思想感情完全一致。

综上，佛教用语，故有此说。

◎为什么有"拈花微笑"一说？

据《联灯会要》卷一及《释氏稽古略》卷一载，释迦牟尼在灵山会上，大梵天王献上金色波罗花，释迦即"拈花示众，众皆默然，唯迦叶破颜而笑"。释迦说："吾有正法眼藏，涅槃妙心，实相无相，微妙法门，不立文字，教外别传，付嘱摩诃迦叶。"

基于上述可见，"拈花微笑"乃佛教典故，释迦牟尼"拈花"表示涅槃安详相，弟子惟有迦叶"微笑"表示领悟，因而得受"正法"。禅宗亦据此尊迦叶为天竺初祖。

◎为什么说"借花献佛"的成语源于佛经？

《道俗编·释道》："《过现因果经》：'瞿夷寄二花于善慧仙人，以献佛。'按元杂剧有'借花献佛'语，'借'当是'寄'之讹。"《过去现在因果经》卷一："今我甘弱不能得前，请寄二花以献于佛。"由此可见"借花献佛"的成语源于佛经。

后来"借花献佛"一词，则比喻拿别人的东西做人情。

◎为什么信佛的人总是念阿弥陀佛？

阿弥陀佛是梵文的音译。他是"西方极乐世界"的教主，专门接引众生往生"西方极乐世界"，因此也称他"接引佛"。另外他还有"无量寿佛"、"无量光佛"等12个名号。

信佛的人经常念"阿弥陀佛"的原因，据说在凡界念足一万遍"阿弥陀佛"，那么，信佛的人如得了正果，"接引佛"——阿弥陀佛就会优先接待他到极乐世界去。因此，信佛的人便经常念他的大名。

◎为什么说成语"当头棒喝"来自佛教？

据说禅宗初期，慧能常用普通人能懂的语言，从正面来阐述他们的观点。但是禅宗在发展过程中，起了转化。他们在接待初学者时，对于所提的问题，常常不作正面回答，而是采取棒打，或大喝一声的方法，以此来暗示或启悟对方，希望对方在"大吃一惊"之后猛醒过来。传说,这种"棒"的施用,开始于唐代德山宣鉴与黄檗希运;"喝"的施用则始于临济义玄,故有"德山棒,临济喝"之称。由此可见,"当头棒喝"之成语源于佛教。

◎为什么称呼在家修行的女佛教徒为优婆夷?

优婆夷是梵文的音译,也有译作"优婆斯"的。其意为"信女"、"近事女"、"近善女"、"近宿女"、"清信女"。女佛教徒接受五戒,成为在家女居士。也指一切在家修行的佛教女信徒。在庙者为出家人,称尼姑。

◎为什么有"天花乱坠"之说?

"天花乱坠"之说,系佛教传说。相传佛祖讲经,感动天神,诸天各色香花,纷纷下坠。

我们再看一看佛经上是怎样说的。《法华经·序品》云:"尔时世尊,四众围绕,供养恭敬尊重赞叹,为诸菩萨说大乘经……佛说此经已，结跏趺坐，入于无量义处三昧，身心不动。是时天雨曼陀罗华、摩诃曼陀罗华、曼殊沙华、摩诃曼殊沙华，而散佛上及诸大众。"《心地观经》卷一云："六欲诸天来供养，天华乱坠偏虚空。"《法华经·譬喻品》："诸天妓乐百千万种，于虚空中一时俱起，雨诸天华。"《大智度论》卷九云："云何为天华，天华芬熏，香气送风；复次天竺国法，各诸好物皆名天物，虽非天上华，以其妙好，故为天华。"另据《高僧传》，传说梁武帝时云光法师讲经，感动上苍，天空纷纷坠落。

"天花乱坠"后来用以形容说话有声有色，极其动听。多指夸张而不切实际，或用甜言蜜语骗人。

◎为什么承认过错叫"忏悔"？

佛教所谓忏悔的"忏"是梵文音译之略，全译"忏摩"，意译"悔"。合称"忏悔"。

据《南海寄归内法传》卷二载："忏悔乃是西音，身当忍义。……口云忏悔，意是请恕。"由此可见，对人承认自己的过错，求得容忍容恕，即为"忏悔"。佛教制度规定，出家人每半月集合举行诵戒，给犯戒者以说过悔改的机会。以后产生了忏悔文、忏仪一类的著作。遂成为专以脱离罪孽、祈求吉福为目的的仪式。

◎为什么云游僧人叫"行脚僧"？

《祖庭事苑》卷八云："行脚者，谓远离乡曲，脚行天下，脱情捐累，寻访师友，求法证悟也。所以学无常师，遍历为尚。"由此可见，步行参禅或行乞的云游僧人，即为"行脚僧"，又云"云水僧"。

◎为什么说"色即是空"？

"色即是空"，指一切色法即是空幻不实。《阿含经》认为，构成宇宙万物的基本因素有五种，即色（地、水、火、风及其所造，相当于物质）、受（感受）、想（思想）、行（意志）、识（精神总体），合称"五蕴"。这五蕴中的任何一种，都没有一个质的规定性或常住不变的实体（"无我"），也没有一个与之相应独立存在的客体（"无我所"），变化无常。这种观点用意在于否定有情、生命的真实性，论证"人无我"，而没有彻底否定包括客观世界在内的一切事物和现象——所谓"法无我"。大乘佛教不但认为"人无我"，同时提倡"法无我"，即所谓"五蕴皆空"。《般若波罗蜜多心经》："色不异空，空不异色，色即是空，空即是色。受、想、行、识，亦复如是。"意思是说，不论物质现象或精神现象均属"因缘所生法"，无固定不变的自性；若以为实有自性，则是虚妄分别，本质是"空"。由此可见，佛教所说的"色即是空"。

◎为什么说佛教所说的"色"相当于物质概念？

《俱舍论》卷一："由变坏故……变碍故名为色。""或示现义。"（卷八）《大乘义章》卷二《百法明门论忠疏》："质碍名色。"

佛教认为，色有质碍、变坏、显现的意义。质碍是指有体质而彼此相碍，有不可人性。变坏是因有质相碍，如遇刀砍杖击，就会变坏。显现是有方所形相，能表示出来。

《俱舍论》卷一云："色者唯五根、五境及元表。""六境"、"十二处"、"十八界"之一，称"色境"。专指"眼"所识别的对象而言，范围较小。"眼所取故名为色"。

《大乘五蕴论》将其分为三类：显色，即颜色明暗，为

"实色"；形色，即长短、方圆等，为"假色"；表色，即人体伸屈坐卧等活动，亦为"假色"。

一般认为，早期佛教关于"色"的概念，相当于现代哲学关于"物质"的含义，它与"心法"相区别。但还包含有部分特殊的精神现象。其中的"四大"是作为构成被感知的物体的基本成分，而没有肯定它们是物质的客观性质。

因此，后来的大乘佛教进一步明确否定了所谓"色"的物质性，认为"色"不过是指"我"的感觉能力和"我"的感觉对象的总和。

综上所述，佛教所说的"色"，相当于物质概念，但并非全指物质现象。

◎为什么"言显圣心"？

"言显圣心"系佛教用语。是说语言可以表达非凡的思想和真理。其原因可见如下经典及历代名人所云。

道宣《法义篇序》云："或论著而导其解，或谈述而写其怀，因言而显圣心，寄迹而扬玄理者也。"唐代韩愈所云："文以载道。"柳宗元云："文以明道。"宋代朱熹云："因言以明道。"陆九渊提出："穷理尽性以至于命，这方是文。文不到这里，说甚文！"清代章学诚《文史通义·言公中》云："文可以明道，亦可以叛道。"由此可见，"言显圣心"

之道理也。

◎为什么"口头禅"成了惯用语?

"口头禅"系佛教用语。指不能领会禅宗义理,只是袭用禅宗和尚的常用语作为谈话的点缀。

宋王楙《临终诗》:"平生不学口头禅,胜踏实地性虚天。"清纳兰性德《与某上人书》云:"'万法归一,一仍归万',此什实有所见,非口头禅也。"《老残游记》第十四回"不才往常见人谈佛经,什么'色即是空,空即是色',这种无理之口头禅,常觉得头昏脑闷。"后来这口头禅就成了人们常挂在嘴上的话或口头惯用语。

◎为什么佛珠是 108 颗?

因为包括经、律、论在内的三藏经书共有108部,而且佛教又认为,人们只有消除108种欲望,才能人佛门。所以,念佛用的佛珠是108颗。其目的是要信佛的人不要忘记释迦牟尼的教诲,也不要忘了破除种种的贪欲。

◎为什么说"天女散花"是对佛家弟子的测试?

"天女散花",系佛教典故。是说天女用散花的方式,来测试诸菩萨和弟子的道行,那么结习未尽者,花即着身。

据《维摩诘经·观众生品》云:"时维摩诘室有一天女,见诸大人闻所说法,便现其身,即以天华散诸菩萨大帝子上。华至诸菩萨即皆堕落,至大弟子便著不堕。一切弟子神力去华,不能令去。"华,同"花"由此可见,"天女散花"是对佛家弟子道行的测试。

后来用此语来形容抛洒东西或大雪纷飞的样子。

◎为什么说"三头六臂"指的是神通?

"三头六臂"系佛教用语。原指佛的法相。《法苑珠林·述意》卷九云:"(修罗道者)体貌粗鄙,每怀瞋毒,棱层可畏,拥耸惊人,并出三头,重安八臂,跨山踏海,把日擎云。"后来用作比喻神通广大,本领出众。《景德传灯录·汾州善昭禅师》卷十二云:"曰:'如何是主中主?'师曰:'三头六臂擎天地,忿怒哪吒扑帝钟。'"元·杨景贤《西游记·神佛降孙》:"我乃八百万天兵都元帅,我着你见那三头六臂的本事。"由此可见,"三头六臂"指的就是神通。

◎为什么佛教术语中法器与法眼有别？

法器是佛教名词，佛教称凡是具备有传承佛法才器的人，为有法器。《释氏要览》卷下："要具三德名法器。"一、秉性柔和，无有偏党。二、常希胜解，求法无厌。三、为性聪慧，于善恶言，能正了知得失差别。另一种说法是：佛教道教举行宗教仪式时所用的木鱼、磬、铙板等物。

法眼是佛教名词，泛指佛教观察事物、认识真理的一种智慧。《大集经》卷五十六慧远注："智能照法，故名法眼。"《无量寿经》卷下："法眼观察究竟诸道。"用以观察问题的特种观点。《维摩诘经》卷一吉藏注："小乘亦法眼，大乘亦法眼。"指各有各的佛教观点。其中为某一宗派所尊崇并构成该宗教特点的观点，称为正法眼。

因此，法器和法眼是佛教性质不相同的两个概念。

◎为什么佛教有衣钵和衣钵相传术语？

衣钵是佛教用语，"衣"指三衣，钵表示食具。僧尼受具足戒和到寺院挂单，必以衣钵齐备为条件，此两样代表僧尼所有一切。佛教禅宗师徒传法，称传衣钵。

"衣钵相传"中的"衣"指僧尼所着袈裟（又称三衣），"钵"指化缘用的食具。佛教禅宗师徒之间道法的授受，常付以衣钵为信物，称之为"衣钵相传"。《传法正宗纪》卷六载，弘忍法师传法给其徒慧能，谓"昔达摩以来自异域，虽传法于二祖，恐世未信其所师承，故以衣钵为验。今我宗天下闻之，莫不信之，则此衣钵可止于汝"。从此师傅传法与弟子习惯称为"衣钵相传"，也被民间借用为师徒间传艺，称为"衣钵相传"。

◎为什么师父传法于弟子称为传"衣钵"?

"衣钵"指僧人所持的袈裟（三衣）和钵，系佛教用具。僧尼受具足戒或到寺院挂单栖息，必以衣钵齐备为条件，故衣钵又泛指僧尼所有的一切。

佛教禅宗师徒间的传法授受，常付衣钵为信，称为"衣钵相传"。据《传法正宗记》卷六载，弘忍传法给慧能，谓："昔达摩以来自异域，虽传法于二祖，恐世未信其所师承，故以衣钵为验。今我宗天下闻之，莫不信之，则此衣钵可止于汝。"此后师父传法于弟子仍习称为传"衣钵"。

◎为什么禅杖是佛教用具而不是武器?

《十诵律》载："若故睡不止，佛言：'听用禅杖'，取禅杖时应当敬心。"

禅杖，是用竹杆或苇秆制成，以软物包其一头。坐禅时，由监督之僧执之巡行，若有僧人打瞌睡，即以禅杖软头点拨使醒。可见禅杖是佛教用具而不是武器。

◎为什么说"沙门"与"沙弥"不是一回事？

"沙门"与"沙弥"虽然都系佛教称谓，但并不是一回事，即意思不同。

"沙门"是梵文音译，意为息心修道。《俱舍论》卷十五云，有四种沙门：一是胜道沙门，意为行道殊道，指佛与独觉等；二是示道沙门，意为善宣说正法者，如舍利佛等；三是命道沙门，意为修诸善业，依戒定慧为命者，如阿难等；四是污道沙门，意为坏道比丘，违背佛道者。

"沙弥"是梵文音译，意为"息恶行慈"、"勤策男"等。一般指7岁至20岁受过十戒的出家男子，但尚未受具足戒。中国内地俗称"小和尚"。《摩诃僧祇律》卷二十九载，有三种沙弥：7岁至13岁可驱逐食物上的乌鸦，故称"驱乌沙弥"；14岁至19岁以适应出家生活，称"应法沙弥"；已过20岁而尚未受具足戒仍持沙弥身份者称"名字沙弥"。

◎为什么僧尼称为出家人？有没有在家僧尼？

出家是梵文（Pravrajana）的意译，也可以译成"林居者"。指离开家到寺庙去当僧尼。这是婆罗门教的一种遁世做法，远离红尘。《增一阿含经》卷二十一载："诸有四姓剃除须发以信坚固出家学道者，彼当灭本名字，自称释迦弟子。"出家人身披袈裟，悬念珠于颈上，有的要受戒，头上烧有几块斑痕。

在家者，指那些在家供奉佛像，念经的佛家弟子。他（她）们也吃素、不杀生，信仰虔诚，但这些人并未受戒、剃度，叫带发修行。出家人无姓名，用法号代替其名姓。

◎为什么把出家的男人叫"和尚"，女人叫"尼姑"？

"和尚"是梵文的音译，也有译成"乌阇"、"和社""和上"等。它本来是对有一定资格和水平的人的尊称，即师父的俗称。而且"和尚"在原来也并不限于男子，有才能有资格的女出家人也可称和尚。但是，现今中国汉族地区，已变成对一般出家人的称呼，而且还只指男出家僧人的称谓。至于尼姑的"尼"，是从比丘尼、沙弥尼的字尾来的，是汉族对女出家人的简称，在尼字下加姑，则是俗称。

◎为什么佛教徒不一定要出家？

佛教要求佛教徒信佛，按照教义去做，把追求涅槃境界作为最高理想目标。至于出家与否，则没有硬性规定。

然而，关于出家的制度，在各国佛教中，也有不同的执行情况。例如，在东南亚的泰国、缅甸和我国的傣族地区，他们把全体男子视为僧侣，要求其在一生中出家一次到庙中过修身生活，或在未成年前到寺庙里接受佛教教育，过一段时间再还俗。出家时间多则几年，少则三个月，终生为僧者不多。在我国的其他地区，出家则是佛教徒中少数人的事。

◎为什么佛教徒在家也可修行？

佛教徒在家也可修行，其主要要遵守三归、五戒和持斋。详细一点说，就是要归依佛、法、僧三宝，不能信奉其他宗教和非佛教中的神；遵守五戒，即戒杀、盗、淫、妄、酒；在每月的初八、十四、望日、廿三、廿九（晦日）持斋，即过午不食，不涂香粉、不装饰和不歌舞观剧，不坐卧高贵床座。当然这些要求，实际上有些人能做到，有些人能超过，也有些人做不到。

◎为什么僧人要"闭关"？

"闭关"系佛教术语。"关"本义为门闩，"闭关"谓闭门不出。指僧人在一定期限之中闭居一室，一心诵经坐禅，拒绝会客。为僧众自我约束的习俗之一。

僧人之所以要"闭关"的原因，可见《禅余内集》所云："闭关守寂"。又云"闭关学道"，即闭关是为了"守寂"，

"闭关"是为了"学道"。

◎为什么出家人要剃发、剃须、烧戒疤?

剃发,又叫剃度(度,就是使人"离俗"和"生离生死"的意思),是所有国家的佛教僧人都毫无例外的必要条件。

剃须,出家做僧时一律剃须。但我国一些僧人剃后还可以复留,而南方国家的僧人出家剃须后一律不再留。

烧戒疤,是我国汉族地区僧人出家时的规矩,1983年后,中国佛教协会以有损身体健康为由,已将此取消。

出家人剃发、剃须,其目的是通过朴素的生活,集中精力去学习佛教教义。

◎为什么拜佛时要烧一炷香?

因为人世间与众佛"居住"的须弥山顶的兜率天相距甚远,所以人们求佛时,只要燃起兰香,袅袅香烟扶摇直上,升天而去,便可把要告诉诸佛的"信息"传递上。因此人们在拜佛时要烧一炷香。

◎为什么烧香时要注意其支数?

烧香时，拈香要注意其支数，那就是一定要是单数。这是因为古人把单数看作是阳，认为是大吉大利。佛教也有这个说法，如佛塔的层数都是单数。所以人们烧香时，每炷香可以是3、5、7、9或者更多，但必须都是单数，这样才是"吉利"。

◎为什么和尚总敲木鱼?

"木鱼"，属佛教法器中之打击乐器。多以桑木或椿木制成，刳木为鱼形，大小不等，一般高约5至15厘米，大者高达1米以上。中间镂空，用木槌敲打作声。根据形体，其用途分为两种：一是圆形，大者往往下有木架，诵经时敲打，来调音节和节奏；一是长形，悬吊于斋堂或库堂前，朝、中二时粥饭击之，禅僧呼之曰"梆"。

关于和尚为什么总敲木鱼之举，可用《百丈清规·法器章》"相传云，鱼昼夜常醒，刻木象形，击之，所以惊昏惰也"来回答。

· 中华文化十万个为什么 ·

◎为什么佛教徒行"顶礼"时要五体投地?

"五体投地"又称"五轮投地",是一种佛教礼节,表示对菩萨的虔诚。何谓"五体"? 是指两肘、两膝、头。佛教徒行"顶礼"时要求五体均着地,是佛教的最高礼节。民间谚语中为表示对某人的敬佩也有佩服得"五体投地",实际上是借用佛教"顶礼"之义。

《四分律删繁补阙行事钞》卷下:"五轮至地作礼。《阿含》云:'二肘、二膝,顶名轮也。'亦名五体投地。先正立合掌,右手褰衣,屈两膝已,次屈两肘,以手承足,然后顶礼。后起顶头,次肘,以为次第。"《无量寿经》卷下:"阿难起整衣服,正身西面,恭敬合掌,五体投地,礼无量寿佛。"

◎为什么有些僧人吃肉？

大乘佛教主张不吃肉，我国汉地佛教信奉大乘佛教，因此我国汉族僧侣实行不吃肉的素食制。然而，有些僧人吃肉是什么原因呢？其可作三解：一是在佛教的戒律中并无不吃肉的规定。不准吃荤，这里的荤不是我们俗话中的肉食，而是指气味浓烈、刺激性强的食物，如大葱、大蒜等。实行乞食制的国家，只能是施食者给什么吃什么。二是因为条件问题。如蒙藏僧人因环境条件不同，蔬菜难得，也就只好吃肉。三是人们常听到的一句话："酒肉穿肠过，佛祖心中留。"

◎为什么有"居士"之说？

"居士"系佛教称谓。梵文的意译。因没有正式剃度出家，在俗而皈依佛门，所以称之为居士。

《法华经玄赞》卷十云："守道自恬，寡欲蕴德，名为居士。"另外，古印度又称广积资财者为居士。中国古代也将有学问的隐士称为居士。

◎为什么佛教称蓝宝石为"琉璃"？

"琉璃"系佛教术语。梵文的音译。因意思为蓝色的宝石，为佛家的七宝之一，故佛教称蓝宝石为琉璃。

慧琳的《一切经音义》卷一云："吠琉璃，宝名也。或云毗琉璃，或但云琉璃，须弥（山）南是此宝也，其宝青色，莹彻有光，凡物近之皆同一色。帝释髻珠云是此宝。"那么，这文中所说的"琉璃"就是蓝宝石。

◎为什么僧人出行要带"净瓶"？

"净瓶"乃佛教用具，是梵文的意译。音译为"军持"、"君持"、"君稚迦"等。为比丘（和尚）"十八物"之一，属资身细物。

僧人出行要带"净瓶"的原因，是其常贮水随身，用以净手。据《南海寄归传》卷一云："军持有二，若瓮瓶者是净用，若钢铁是触用。"亦为菩萨手中所持的法器。

◎为什么佛教服饰又称"百衲衣"？

按佛教戒律规定，僧尼衣服应用人们遗弃或捐献的破碎衣片缝衲而成，故称"衲衣"。据《释氏要览》卷上载，其衲衣来源，分为五种：有施主衣（即有名有姓的施主所送衣物）；无施主衣（即施主姓名不明者所送的衣物）；往还衣（即包死人的衣物）；死人衣（即死人用过的衣服）；粪扫衣（他人丢弃的破衣碎布所制衣）。实际，佛教盛行后，僧徒所用衲衣布块的来源，并不一定按此五途。但不管怎样，其布的来源多方，一件僧服需众多布片补缀而成，所以又称"百衲衣"。

◎为什么说"庵"本不是指尼姑的住所？

"庵"，佛教术语。原指隐世修行者所居的茅舍。《释氏要览》卷上云："草为圆屋曰庵……西天僧俗修行多居庵。"由此看来"庵"本不指尼姑的住所。指"庵"是尼姑（比丘尼）的住所（寺）是以后的事情。

◎为什么"吴僧诵经罢，败衲依蒲团"？

"蒲团"系佛教用具。其是由水生蒲草编织的圆形坐垫。制作时用蒲草编成绳状，然后加工成各种高低不等的圆盘形，如垫、礅。它是佛教信士的坐禅及跪拜时的所用之物。也正因此，才有了许浑的发现："吴僧诵经罢，败衲依蒲团"。

现代中国北方寺庙已基本不用，广东、福建等地寺庙仍常见。亦有用布、棉等物做成的。

◎为什么要带"护身符"？

"护身符"系佛教用具。指法师用朱色或墨在纸上画的佛、菩萨等像，或写上咒语，以供信徒随身携带，其用途是防魔消灾。

另外，中国古代朝廷颁发给僧尼的度牒，持此面以免除劳役、赋税，当时也称"护身符"。

◎为什么茶还有"佛茶"之说？

茶是中国的特产，由于它具有提神醒脑、生津止渴、消除疲劳等功效，因此自古以来，佛教僧人多在寺庙周围种植茶树。其一为净化环境；二以饮茶为习，以利坐禅和早晚用功。

传统名茶中有些最初是由寺庙种植培育和焙制成的。如汉代普慧禅师所种植的蒙山茶；北宋时江苏水月院出产的碧螺春；明代僧人大方制的"大方茶"。更有普陀山佛茶、灵隐佛茶、灵岩山佛茶、黄山的"云雾茶"、云南大理感通寺的"感通茶"、浙江天台山万年寺的"罗汉供茶"等。总之与寺庙紧密相关的茶，便被世人称为"佛茶"，也便有了这佛茶之说。

◎为什么八宝粥又叫"腊八粥"?

"八宝粥"之所以又叫"腊八粥",是因为中国佛教徒于腊月初八"佛成道节"日以米和果物煮粥供佛,然后集体聚食,故称之(又叫佛粥)。

关于"腊八粥",宋代文献已多有记载。据《武林旧事》介绍,当时人们用胡桃、松子、乳蕈、柿、粟为之。陆游曾有诗句云:"今朝佛粥更相馈,反觉江村节物新"。据说食此粥可消除百病,增福增寿。后来"腊八粥"的配料种类更加丰富,南北各地也多有不同。大凡皆在米菽、果料中任选八种或更多熬成半流质状,加以甜糖或葡萄干调和后食用。

◎为什么僧人的食器谓之"钵"？

"钵"，系佛教用具。梵文的音译"钵多罗"之略，又称"钵盂"、"应器"、"应量器"。因为它的意译是僧人所用的盛食器，比丘的"六物"之一，所以佛教将僧人的食器谓之"钵"。

"钵"一般用泥或铁制成，圆形稍扁，平底，口略敛。大小规格分为三等。钵的颜色应为黑色、赤黑色、鸽色等"如法色"。

◎为什么游方僧都持有"戒牒"？什么是戒牒？

戒牒是佛教名词，是证明受戒僧尼身份的一种证明文本。游方僧尼有此证明书，所有寺院、尼庵都要为他（她）们提供免费食宿及一切方便条件。据《释氏稽古录》卷三：唐宣宗大中十年（856），"敕法师辩章为三教首座。初令僧尼受戒给牒"。日本天平胜宝以后（749—756），始发出由三授戒的三师七证签字的戒牒。

◎为什么佛教的法衣叫袈裟?

"袈裟"系佛教服饰,梵文的音译,意为"不正色"、"坏色"。佛教的法衣之所以叫袈裟,是因为僧人所著法衣用"不正色"(杂烛色)布制成,故从色而言。

据玄应《一切经音义》卷十五云:"袈裟"原译作"毠毟",至东晋葛洪的《字苑》改作袈裟。佛教戒律规定,僧服禁用青、黄、赤、白、黑"五正色"(纯色)及绯、红、紫、绿、碧"五间色",只许用通过植物皮、叶、花等煮染后所得之铜青色、泥黑色、赤黑色(又称木兰色)三色,是为"三如法色"。实际上印度各佛教部派的服色也很不一致;佛教传入中国,其颜色也有变化,如僧人说法和举行仪式时多穿金缕织成的袈裟。

◎为什么僧人要手持"锡杖"？

"锡杖"是梵文的意译，佛教比丘一十八物"之一。又名"声杖"、"名杖"。其杖高与眉齐，头上装有数个金属圆环相交构成的四股尖塔物形，每股环上挂有三个锡环，总计十二环，以此象征佛教的"十二因缘"，四股则表示"四谛"。挥舞时，挂环相互撞击振动出声。

僧人手持锡杖，一为佛法圣智威仪的标帜；二为荒野行走时，振动警觉，驱遣毒蛇、恶兽等；三为乞食时顿地有声，以唤施主出门供食。

密宗以之为地藏王菩萨的道具，为重要的法器之一。《佛说得道梯登锡杖经》："佛告比丘：'汝等应受持锡杖，所以者何？过去、未来、现在诸佛皆执故。又名智杖，彰显圣智故；亦名德杖，行动德本故，圣人之表帜，贤士之明记，道法之正幢。'"

◎为什么说精舍是修行的屋舍？

精舍原指学校，《姜肱传》曰："盗就精庐求见"。注云："精庐即精舍也，以此观之，精舍本为儒士设。晋时别居沙门，乃袭用其名焉耳。"

后来精舍便就成了专供僧人一意修行的屋舍。意为"精进堂舍"，即寺院。《学林新编》云："晋孝武幼奉佛法，立静舍于殿门。引沙门居之，因此俗谓佛寺曰静舍，亦曰精舍。"

◎为什么"佛旗"呈六色？

"佛旗"是"世界佛教徒联谊会"成立时决定的象征佛教的旗帜。其有六种颜色，即蓝色、黄色、红色、白色、橙色及以上五色的混合色。其"佛旗"呈六色是该会根据佛经中所载释迦牟尼成道时圣体放射出的六色光而制成的。

◎为什么要建"曼荼罗"？

"曼荼罗"是梵文的音译；意为"坛场"、"道场"、"轮圆具足"、"聚集"等。要建"曼荼罗"的原因是，一般密教修习"秘法"时，为防止"魔众"侵扰，在修法处划一圆圈或建以土坛，有时还在上面安置佛、菩萨诸尊像，事毕像废，这修法的地方或坛场即为曼荼罗。

据《大乐金刚不空真实三昧耶经般若波罗蜜多理趣释》所载，其将按仪轨设计的坛场和佛、菩萨像绘制在纸帛之上，亦称曼荼罗。又把它分为了四种，即大曼荼罗、三昧耶曼荼罗、法曼荼罗、羯磨曼荼罗。它们又各有以下三种曼荼罗：都会曼荼罗、部会曼荼罗、别尊曼荼罗。

◎为什么"白马寺"被尊为"祖庭"？

白马寺位于河南省洛阳市老城12公里处，始建于东汉明帝永平十一年（68年）。是佛教传人中国之后营建的第一座佛教寺院，因此被以后的佛教各宗派尊为"祖庭"和"释源"。

据说东汉永平七年（64年），明帝遣郎中蔡愔、博士弟子秦景等赴天竺求佛法。永平十年，他们在月氏与天竺僧人摄摩腾、竺法兰相遇，将其迎人中国，来到洛阳，于龙门外3里御道南创建此寺，次年完工。"白马"之说，来由有二，一据《高僧传》载："外国国王尝毁破诸寺，唯招提寺未及毁坏，夜有一白马绕塔悲鸣，即以启王，王即停坏诸寺，因改招提以为白马。"二据《洛阳伽蓝记》云：汉明帝遣使西域求佛法，"时白马负经而来"，遂以为寺名。据传当时建造寺式仿照印度祇园精舍，中有塔，殿内有壁画。摄摩腾和竺法兰曾在此译出《四十二章经》。现寺内有天王殿、大雄殿、接引殿、毗卢阁等殿堂及古清凉台遗址，建筑雕塑、碑刻等多为明清遗物，但寺东南之舍利塔（齐云塔）则建于公元1175年。寺山门内东西两侧有摄摩腾和竺法兰的墓。

◎为什么少林寺会声名远播？

少林寺之所以声名远播，是因为它是中国佛教禅宗的祖庭，也是少林派拳术的发祥地。

该寺位于河南登封城西北13公里少室山北五乳峰下，建于南北朝时。据传公元495年，天竺僧人跋陀（又称佛陀）到中国，善把禅法，得到了北魏孝文帝的礼遇，次年建此寺供跋陀居住传法，今少林寺山门西侧尚留有石坊，题额"大乘胜地"。公元527年，印度僧人菩提达摩来少林传教，在寺西山麓石洞中面壁九年，被以后的佛教禅宗尊为初祖。北周武帝灭佛，少林寺被毁，至静帝大象年间重建，更名"陟岵寺"。隋开皇年间，复称少林寺。唐朝初年，少林武僧协助李唐政权有功，得到李世民的封赏，规定少林武僧可弘传武功和食荤壮体，寺院鼎盛。后宋、元、明、清均有发展，从而奠定了今日之布局。

另外少林碑林等亦有很高的文物价值。但其中天王殿、大雄宝殿等许多建筑已在1928年遭兵焚毁。该寺近年来屡加修缮，获较好保护，成为了佛教名寺及旅游胜地。

◎为什么有"飞来寺"之说？

"飞来寺"位于广东清远县城北23公里的飞来峡后。南朝梁武帝时为僧人贞俊、瑞霭所创建。初名正德寺，唐代历称禅居寺、广陵寺、广庆寺；至南宋赐额"广庆禅寺"、"峡山飞来广庆禅寺"等。

关于寺庙的创立，传说有二：一说由和尚李飞创建。偈曰："我名飞来，到此处便落成寺宇，是名飞来。"一说是轩辕黄帝二庶子太禹和仲阳化的神人，将安徽舒城上元延祚寺在一个风雨之夜飞来此处，故名"飞来寺"。

◎为什么修声闻乘的人一定要出家？

因为修声闻乘的人只有遵照佛的说教修行，才能达到解脱。而这种修行如在家则障碍太多，不能达到专心致志，只有出家才能集中精力从事无我无欲的修行，因此一定要出家才能达到。

◎为什么佛寺的正殿被称为"大雄宝殿"?

正殿指佛教寺院中的大殿，它之所以还被称为"大雄宝殿"，是因为"大雄"为佛的德号，意思是说佛有大力，能伏"四魔"，即五阴魔、烦恼魔、死魔、天子魔。《法华经·踊出品》云："善哉善哉，大雄世尊。"为供奉佛像之所。故此，佛寺的正殿被称为"大雄宝殿"。

"大雄宝殿"一般供奉释迦牟尼佛，供奉的主尊因时代不同和宗派的不同，出现了多种情况。从主尊数字看，一般有一、三、五、七尊四种。三尊佛中有三身佛与三世佛两种不同方式。

◎为什么密宗的佛像如此可怕?

密宗的佛像有的多头多手，有的面目狰狞，给人一种恐惧感。其实这都是有一定含义的。如四臂六臂的欢喜佛像表示菩萨行四摄六度，而大威德金刚的三十四臂加上身、口、意表示三十七道品。至于面目狰狞的一般都是金刚像，表示它有降魔伏妖的威力。

◎为什么说佛寺里的殿堂各有所用?

佛寺里的殿堂有许多,但都各有所用。如:大雄宝殿、药师殿、三圣殿、弥勒殿、观音殿是安奉佛和菩萨供人们祈祷的场所;舍利殿、藏经楼、转轮藏殿是安置遗骨及法宝的场所;开山堂、影堂、罗汉堂是安置师像的场所;法堂、禅堂、板堂、学戒堂、忏堂、念佛堂、云水堂是供讲经、集会及修道用的场所;斋堂、客堂、寝堂、茶堂、延寿堂是供日常生活及接待用的场所。

◎为什么佛教要建"塔"?

"塔"是中国古代"佛塔"的简称,俗称"宝塔"。佛塔起源于印度,是梵语省略的音译,完整的音译称"窣堵波",意思是"高显"或"坟"。它的平面以方形、八角形为多,层数一般是单数。用木、砖和石等材料建成。塔的用途是用藏舍利和经卷等。

◎为什么要建一百零八塔？

"一百零八塔"是中国佛教的名塔。它位于宁夏铜峡县峡口山黄河西岸。依山势从上至下按一、三、五、七奇数排列成12行，形成了一个三角形的大型塔群，其因塔数而得名。

"一百零八塔"是中国古塔建筑中唯一的大型塔群。始建年代不见记载，有人说元朝，也有人说是明朝。关于人们当时为什么要建这一塔群，明代中期的一些志书上，有些记载，可为两解：一是说为了纪念明初在保卫长城的一次战斗中牺牲的一百零八位将士；一是说一百零八位和尚抗击敌人战死，后人建立一百零八塔作为纪念。

◎为什么这些山会有中国佛教四大名山之称？

五台山、普陀山、峨嵋山和九华山之所以被称为中国佛教四大名山，一是佛事活动，二是其中佛寺规模。

1. 五台山。位于山西五台县东北部，相传为文殊菩萨说法显灵的道场。其山北齐时已有寺院200余所，现存也有百余处。佛教每年农历六月十五都要在这里举行规模盛大的"大誓愿会"，即六月大会。

2. 普陀山。位于浙江普陀县，舟山群岛之一，方圆12.76平方公里。唐以前传说有梅福寄隐此处修道，故又名梅岭。据佛教传说，唐大中年间有一印度僧人来此，"亲睹观世音菩萨现身说法，授以七色宝石"，故此地称为观音显圣地。该山自北宋后，寺院渐增，至清末遂有三大寺，70余庵堂与百余处茅蓬，其山有"佛国"之称。

3. 峨嵋山。位于四川省峨嵋县西南，相传为普贤菩萨说法道场。其周围十里，有佛龛百余个，大小洞40个，据传汉代即为佛寺。其中万年寺为最大寺庙，此外尚有报国寺、伏虎寺、善觉寺、清音阁、光相寺等寺院名胜多处。

4.九华山。位于安徽省青阳县西南20公里，方园百里，因李白诗而得名。佛教传说，地藏王菩萨曾在此修行。该山以化城寺为中心，有大小寺院80余所。每年农历六月底前后，朝九华山者日以万数。

◎为什么有"灵鹫山"之说？

"灵鹫山"位于印度比哈尔邦底赖雅，即古印度摩陀国王舍城东北部。因为山势拔地而起，峰顶岩石形成鹫首，所以将其叫作"灵鹫山"。还有一说，是因为山上多鹫鸟，所以得其名。

释迦牟尼曾在此山居住和说法多年，现山顶一座古平台遗址，相传就是其说法之处。此山是佛教史上教徒第一次结集地。中国高僧法显和玄奘都曾到此巡礼。《大唐西域记》是这样描述灵鹫山景色的："接北山之阳，孤标特起，既栖鹫鸟，又类高台，空翠相映，浓淡分色。"

◎为什么说莫高、龙门、云冈石窟被称为中国古代佛教石窟艺术的三大宝库?

莫高窟位于敦煌县东南25公里鸣沙山的断岩上,是现今世界上规模最大的佛教艺术宝库。现存佛窟492个,它由建筑、绘画、雕塑所组成,以壁画最为突出。壁画总面积4万5千多平方米,彩塑2千4百多身。其内容主要是佛经故事和佛像两类。另外还有藏经洞,除佛经外,尚有儒、道经典。

龙门石窟位于河南省洛阳市南郊伊河入口处西岸处的龙门山(西山)与香山(东山)。

北魏太和十八年(494年)开凿,直至清末,历时1千多年。现存窟龛2千1百多个,造像10万余尊,题记碑碣2千7百多块,佛塔40余座。其内容大多是帝王祈求冥福。其中佛像形象不一,姿态优雅,具有极高的艺术价值。大量碑碣石铭,成了中国古代书体演变研究的宝贵资料,也是石窟艺术的编年史。云冈石窟位于山西大同市西郊武周山南麓,是中国最大的石窟群之一。现存主要石窟53个,石雕佛像、飞天等5万1千多尊,最大的高达17米。该窟开凿于公元460年,完工于公元494年。其题材,主要为三世佛、千佛、弥勒菩萨、释迦多宝佛和佛传故事等。

以上三窟，均为国家重点文物保护单位，根据其价值，被合称为中国古代佛教石窟艺术的三大宝库。

◎为什么有"水陆道场"之说？

"水陆道场"是仪轨佛事的一种。又称"水陆法会"、"水陆会"、"水陆斋"、"无遮法会"。

其源于释迦牟尼所授阿难济度饿鬼的方法与内容。即所说的"焰口施食"。中国南朝梁武帝在天监初年（502）首制水陆斋仪，并在天监四年二月十五日于金山寺举办"无遮大会"。唐高宗时，僧道英重兴水陆仪法。明代僧袾宏重订《水陆仪轨》，重兴法会，一直流传至今。

"水陆道场"是规模最大的佛事活动。少则七天，多则"七七"，四十九天，参加僧众有几十或几百人。在其活动中，要诵经设斋，礼佛拜忏，追荐亡灵。供品以饮食为主。超度一切水陆鬼魂。普济六道众生，故称之。法会现场设内、外坛，坛内摆设佛座、香、供桌以及《水陆仪轨》等各种经卷。此仪轨多流行南方各地，近代以浙江鄞县天童寺为著。

◎为什么僧人对施舍者称为"檀那"?

"檀那"系佛教称谓。为"施主"梵文音译的简译,因其意是佛门中对施舍者的称呼,所以僧人对施舍者称为"檀那"或"施主"。

另外,此语还为佛教术语,意为."布施"。《翻译名义集》曰:"檀那,法界次第云,秦言布施。若内有信心,外有福田,有财物,三事和合,心生舍法,能破悭贪,是为檀那。"

◎为什么有"打七"之说?

"打七"系佛教仪式,因宗派不同,故得名亦不同:

一是佛七。这是净土宗僧人的念佛活动。其随时可举行。为期是"七七"四十九天,期间只念"阿弥陀佛",敲木鱼击磬,故名"打念佛七"。

二是禅七。这是禅宗僧人的参禅活动。规定每年冬天从农历十月十五日至腊月八日,也是"七七"四十九天,故名。

◎为什么要"吹大法螺"？

"吹大法螺"，"法螺"，指僧人道祭鬼神时当作乐器吹的螺壳。同时讲经说法时也要吹大法螺。《金光明经·赞叹品》："吹大法螺，击大法鼓，燃大法炬，雨胜法雨。"《鼓音经》："吹大法螺，击大战鼓。"

"吹大法螺"的原因，可见如下经典所云，《法华经疏》卷三："螺鼓远闻之义，显大法有广被之能。"《大日经疏》卷十六："无量音佛顶以珂贝，谓商怯也。"《羂索经》卷十八："若加持螺语高望处大声吹者，四生众生闻螺声者灭诸重罪。"《千手经》："若为召呼一切诸天善神者，当于宝螺手。"

后来，人们用"吹大法螺"来比喻说大话，大肆吹嘘。

◎为什么说"梵呗"是赞唱佛、菩萨的颂歌?

"梵呗"的"呗"意译为赞叹、止断止息。《楞严经》云:"梵呗咏歌,自然敷奏。"《高僧传》卷十二云:"天竺方俗,凡是歌咏法言,皆称为呗,至于此土,咏经则称为转读,歌赞则号为梵音。昔诸天赞呗,皆以韵入管弦。"又《法苑珠林·呗赞篇》云:"呗者短偈以流颂。"梵呗中赞颂题材的歌唱,题材包括三宝赞、经赞、香赞、供赞、事赞、物赞等,体裁有大赞、小赞,大赞有"八句赞"和十句的赞,小赞即"六句赞"。由此可见,"梵呗"是佛教徒以短偈形式赞唱佛、菩萨的颂歌。

◎为什么要举办"盂兰盆会"?

"盂兰"为梵文的音译,意思是"救倒悬"。盆为汉语,为救倒悬之苦,盛百味于盆,供三宝,故称。"盂兰盆会"中国民间俗称"中元节"、"鬼节"、"饿鬼节"等。每年逢农历七月十五,佛教徒为追荐祖先而举行。

其举行的原因是这样的,《盂兰盆经疏》云:"斯由尊者之亲魂沉暗道,载饥且渴,命似倒悬,纵圣千之威灵,无以拯其涂炭。佛令盆罗百味供三尊,仰大众之恩光,救倒悬之窘急。"据此,佛教徒常于此日广设供物,以度地狱鬼亲。民间受其影响,也在此日祭祖,祈祷冥福,从而形成了"盂兰盆节"。仪轨规定,节日期间,除施斋供僧外,寺院还举行诵经法会以及水陆道场、放焰口、放灯等活动。

◎为什么要在蓝毗尼举行盛大庙会？

蓝毗尼系佛教圣地，位于尼泊尔南部蓝毗尼专区的鲁潘德希县，近迦毗罗卫。传说是古印度善觉王为其妻蓝毗尼所建的花园，故名。

蓝毗尼是佛教创始人释迦牟尼的诞生地。阿育王弘佛时，在此建有石柱，勒文以志纪念。后石柱被雷击倒，无人能识其古文，遗址于是湮没不闻。1895年，考古学者读出古文，并参考中国古代高僧法显和玄奘的记述，发掘其遗址。今尼泊尔政府已重立标志，将该地作为圣地加以保护，因此每年尼历正月望日释迦牟尼降生日，这里都举行盛大庙会，佛教徒云集朝拜。

◎为什么送人财物称为"布施"?

"布施",佛教术语,是梵文的意译,为六波罗蜜之一,意即施予他人以财物、体力和智慧等,是为他人造福成智而求得积累功德以至解脱的一种修行方法。

《大乘义章》卷十二云:"以己财事分布与他,名之为'布',惙己惠人目为'施'。"小乘布施的目的是破除个人吝啬与贪心,以免除"来世"的贫困。《翻译名义集》云:"若内有信心,外有福田,有财物,三事和合,心生舍法,能破悭贪,是为贪那。"又云:"此人布施,越贫穷海。"大乘则同大慈大悲的教义联系,来"超度众生"。《六度集经》卷一云:"布施度无极者厥则云何?慈育人物,慈愍群邪,喜贤成度,护济众生,跨天褢地,润弘河海。"其中所列之布施对象,大大超出人类的范围,遍及鹰、虎、鱼。瑜伽行派将布施分为三种:"谓财施、法施、无畏施。"

总之,佛教将施人财物、体力和智慧等,都谓之"布施"。

◎为什么说往"功德箱"放香火钱，未必越多越好？

佛教认为，一个学佛的人要想功德圆满，超凡人圣，就要做六件事（六度）：布施、持戒、忍辱、精进、禅定和智慧。当一个学佛的人向佛主烧香跪拜后，往"功德箱"里放香火钱，这就意味着他开始做了第一件事，即布施。至于布施多少，这并不重要，一分钱不算少，一万元钱不为多，关键是心诚，如果说心不诚你拿的钱再多，也是徒劳。

◎为什么僧人不能都称作喇嘛？

"喇嘛"系佛教称谓。藏语音译，其意为"上师"。原是对有地位、有学问、有较深修养而能率众修行的高僧的尊称，与称作"扎巴"的一般僧人有别。因此不能将藏传佛教的一般僧人都称为"喇嘛"。

◎为什么"刹那"是表示最短的时间单位？

"刹那"，系佛教时间名词。其之所以表示最短的时间单位，可见如下佛教经典的记载：

《胜鬘经》云："外国称刹那，此云念也。"《探玄记》卷十八云："刹那者，此云念顷，于一弹指顷有六十刹那。"《西域记》卷二云："时间极短者，谓刹那也。"《大藏法数》："一念中有九十刹那，一刹那中有九百生灭。"《楞严经》卷二云："法思谛观，刹那刹那，念念之间不得停住，故知我身终从变灭。"《俱舍论》卷十二云："何等名为一刹那量？众缘和合去得自体顷，或有动法行度一极微，……如壮士一疾弹指顷，六十五刹那。""极微字刹那，色名时极少。"

◎为什么说"牛头马面"指地狱里的鬼?

《敦煌变文集·大目乾连冥间救母变文》云:"目连行前至一地狱……狱中数万余人总是牛头马面。"《景德传灯录·陇州国清院奉禅师》云:"释迦是牛头狱卒,祖师是马面阿傍。"所以"牛头马面"后来指狰狞可怕的鬼卒。《喻世明言》卷三十二:"阶下侍立百余人,有牛头马面,长喙朱发、狰狞可畏。"《玉佛缘》第五回:"忽见第五殿阎王那里,一对牛头马面走来,一根铁索,拉了他就走。"特别是《楞严经》卷八云:"牛头狱卒,马头罗刹,手执枪鞘,驱人城门。"由此可见,佛教说的"牛头马面",就是指地狱里的鬼卒。

◎为什么说"入十八层地狱，永世不得翻身"？

"十八层地狱"又称"十八重地狱"，系佛教术语。据明郎瑛《七修类稿》记载，以六根（眼、耳、鼻、舌、身、意）、六尘（色、声、香、味、触、法）、六识（眼识、耳识、鼻识、舌识、身识、意识）十八界为十八重。如果六根、六尘、六识不得其所，则堕入十八重地狱，以配其罪鬼。传说有刀山、火海、沸尿、铁辗、剥皮、抽筋、寒冻、炎热、炮炙、刀剐等苦刑。由此可见，入十八层地狱，便永世不得翻身。

◎为什么有达赖喇嘛之说?

"达赖喇嘛",是藏传佛教格鲁派两大活佛转世体系称号之一(另一为班禅额尔德尼)。其为蒙语音译,意为"大海上师",即为"德智如海无所不纳之上师"。这便是此称谓之用意。

此称谓始于明万历六年(1578年)土默特蒙古俺答汗尊格鲁派领袖人物锁南嘉错为"圣识一切瓦齐尔达赖喇嘛",其为三世,前两世为后人追认。清顺治十年(1653年)由清廷正式册封达赖喇嘛五世阿旺罗桑嘉错为"西天大善自在佛所领天下释教普通瓦赤喇怛喇达赖喇嘛"。此后历世达赖喇嘛转世,必经中央政府册封,成为定制。

◎为什么叫"班禅"？

"班禅"系佛教称谓。为藏传佛教格鲁派两大活佛转世体系称号之一（另一为达赖喇嘛），又称"班禅额尔德尼"。"班"为梵文音译，意为"学者"；"禅"为藏语音译，意为"大"；"额尔德尼"为满语音译，意为"珍宝"。合称意为"大学者之英杰"。故此，称之为"班禅"或"班禅额尔德尼"。

公元1645年，统治卫、藏的蒙古和硕特部首领固始汗尊称宗喀巴的四传弟子罗桑却吉坚赞为"班禅博克多"，令其主持扎什伦布寺，为设此称号之始。但其为班禅四世，前三世为后人追认。清康熙五十二年（1713年）封班禅五世罗桑益西为"班禅额尔德尼"，并赐金册金印，确认其地位。此后历世班禅转世必经中央政府册封，成为定制。

◎为什么要寻觅"灵童"作为"转世"?

"转世"是藏传佛教活佛转世制度的简称,即为解决各寺院或教派首领的继承而设立的一种制度。取佛教灵魂转世、生死轮回之说。

其始于噶举派的噶玛巴希。该派创始人堆松钦巴1193年去世后,1204年噶玛巴希降生,被推举为堆松钦巴的转世继承人,成为活佛,是为活佛转世制度之始。宗喀巴创立格鲁派后,亦沿用此法。通称转世者为"活佛"。凡前世活佛去世后一年,寺院上层住持僧通过占卜、降神等仪式,寻访在前世活佛圆寂的同时出生的若干婴儿。通过辨认抓取前世活佛生前最珍爱器物,并请降神宣谕,从中选定一个"灵童"作为他的转世,迎入寺中继承其宗教地位。清乾隆五十七年(1792年)规定采用"金瓶掣签"法,选定在理蕃院注册的大活佛的转世,以防舞弊。其他中小寺庙稍有声望的喇嘛,则可自行寻觅"灵童"作为转世。

◎为什么藏密供奉这些神像？

西藏佛教的寺院里专门设有密宗神殿，供奉着一系列密宗神像，其主要的神和用意如下：

1. 毗户遮耶佛，系释迦牟尼的法身佛，意为"光明遍照"。

2. 金刚持，系密宗菩萨名，其右手持金刚杵，左手持金刚铃，表示金刚部菩萨摧毁魔敌之坚毅智力。

3. 大威德金刚。藏密认为，此尊为无量寿佛的忿怒身，以其可怖可畏的相貌去教令法界，降伏妖魔。

4. 时轮金刚。藏密认为，其发源于古印度北的"香巴拉国"（如同极乐世界），公元12世纪传入西藏。时轮金刚密法确认一切众生都在过去、现在、未来三时的"迷界"之中，并以时轮表示"三时"。

5. 大黑天。藏密认为此尊系大日如来为降伏恶预而显现之形象。古时以其为战神而祀之，认为祀后可增军威，战而胜之。民间又视为施福之神，每荐香火，必将饮食供于像前。

藏密供奉的神祗还有很多，恕不一一介绍。

◎为什么藏密的主要义理可用"六大为体"等概括？

关于藏密义理，西藏佛教各派密法各有侧重，但可概括为"六大为体"、"三密为用"、"四曼为相"、"五佛五智"及"因、根、究竟"等。

"六大为体"，"六大"，指地、水、火、风、空、识。是西藏佛教对宇宙本源的解释。

"三密为用"，"三密"指身密、口密、意密。是密宗的修习或实证法。

"四曼为相"，"四曼"就是四种曼陀罗（"坛场"或"中国"），是密宗修行者在其精神世界里交通"神灵"的一种形式，实即修行之道场。

"五佛五智"，其意是说密宗行者仅靠念咒、建立曼陀罗也不能达到"即身成佛"，还必须具有五禅那佛（大日、阿閦、宝生、阿弥陀佛、不空成就）的五种智慧（法界体性智、大圆镜智、平等性智、妙观察智、成就听智）。

关于"因、根、究竟"之义理。"因"是指"菩提心为因"；"根"是指"大悲为根本"；"究竟"是指"方便为究竟"。

此外，还有"乐空双运"、"忿怒"和"怖畏"之义理等。

◎为什么藏传佛教重视密宗？

　　藏传佛教认为密宗是佛教的精髓，是修持佛法的最高阶段。

　　藏传佛教重视密宗的原因，是因为佛教传入西藏的两个高潮是在7世纪和11世纪。这两个世纪正是密教在印度占统治或主导地位的时期。因此，传入西藏的佛教以密宗为主，密宗四部，即事部、行部、瑜伽部的完整形态，全部为西藏接受。在修持上藏传佛教强调显密兼修，先显后密，只有在密宗修持上有所成就，才能"即身成佛"。这是藏传佛教重视密宗的主要原因。

◎为什么说密宗的佛座上的莲花有它的寓意？

　　佛座上的莲花表示出离心，月轮表示菩提心，日轮表示通达一切皆空的智慧（即空慧），而手中执持的种种器具表示佛和菩萨的种种誓愿、智慧、功德等。

◎为什么藏密强调先修显宗?

藏传佛教特别是黄教在修习制度上强调先修显宗,在显宗修到一定成就后才能修习密宗。

作为学经僧人,必须先当显宗扎仓,先当"贝恰瓦"入"度扎"(预备班),然后自己出资找一位经师,在其指导下学习经典。预备班完成后,升入正班,然后可按年资逐年升级。正班有十三级或十五级,在正班期间学僧必须学完规定要学的全部经典。而后即可在导师推荐下由本人向寺方申请,获准后才有资格参加"格西"学位的考试。在此以前是显宗阶段的学习,大约需要15到20年的时间。由此可见,藏密强调先修显宗,是重视基本功的扎实与训练。

◎为什么这些寺被称为西藏黄教四大寺？

哲蚌寺、色拉寺、甘丹寺、扎什伦布寺被合称为西藏黄教四大寺的原因，是按其规模划定的。

哲蚌寺建成于1416年，其规模宏大，房屋甚多，初建时有僧人2000多人。后期该寺僧人定员是7700人。

色拉寺建成于1418年，该寺初期有五个扎仓（僧院），后合并三个。后期规定该寺僧人定员为5500人。

甘丹寺建成于1409年，初期有两个扎仓，后来规定该寺僧人定员为3300人。

扎什伦布寺建成于1447年，经过历世班禅扩建增修，尤以四、五、六世纪时增建最多，仅寺建筑面积就达30万平方米。

◎为什么鲁迅先生说"中国的根抵全在道教"？

因为道教的思想渊源"杂而多端"。

首先，道教创立之时，以老子为教主，奉《道德经》为其主要经典，经庄子阐释，"道"为万古长存，得道以后便可长生久视，成为神仙。

其次，道教还汲取了儒家的伦理纲常思想，其核心是"三纲五常"。这种伦理纲常思想，儒家导其源，道家缵其绪，做了继承和发展。

其三，道教汲取了墨家思想。墨子提倡的尊天明鬼，被道家所汲收。

其四，道教还吸收了传统的鬼神观念和古代的宗教思想与巫术。

其五，道教对战国的神仙思想和神仙方术也做了继承，并有所发展。

由此可见，道教和我国传统文化的许多领域都有着血肉相连的密切关系，它的产生，乃是中国传统文化直接孕育的结果，所以鲁迅先生有"中国的根抵全在道教"之说。

◎为什么说"太上老君"是创世主？

　　《太上老君开天经》说：洪元之时，未有天地，无阴无阳，无日无月，无晶无光，无东无西，无青无黄，无南无北，无柔无刚，无覆无载，无圣无贤，无忠无良，无去无来，无生无亡，无前无后，无圆无方，百亿变化，浩浩荡荡。洪元一沰，至于万劫。洪元既判，而有混元。混元一沰万劫，至于百成。百成81万年，而有太初。太初之时，老君从虚空而下为太初之师，口吐《开天经》一部48万卷，一卷有48万字，一字辟方100里，以教太初。太初始分别天地，剖判清浊，置立形象，

太上老君

安竖南北，制正东西，开暗显明，于是才能区分上下、内外、表里、长短、雌雄、大小……。太初得此经，分清气上升为天，浊气下沉为地，置生日月，上取天精，下取地精，中间和合而形成一神，谓之为"人"。天地既三方，始有生生之类。以后又经太始、太素、混沌等等宇宙演进阶段，才跨入人类的黎明时代——伏羲、女娲、神农等，一直到周初，把传说中的史前史后人物创造的文明事物统统归诸老君的教化。因此，道教把"太上老君"称作是创世主。

◎为什么黄老道与道教有区别？

先秦道家后来演变为黄老之学。这种黄老之道，是以道家的清静养生，无为治世为主，但汲取了阴阳、儒、墨、名、法各家的部分内容，已不完全是先秦的道家，而是被称为黄老术的新道家。后来，黄老养生之术演变为道教的修炼方术，奉黄老术的黄老道家便是道教的前驱。

◎为什么说中国古人追求成为神仙对道教有着直接的影响?

"神仙"是中国古人向往成为一种能够长生不死并有一定神通的理想化实体。道教的核心信仰就是人可以通过努力追求而成为神仙。在道教产生以前,中国古人就已有种种关于"神仙"的传说以及成为"神仙"而进行的种种追求,如《山海经》中对"不死之药"和"不死民"传说的记载,《史记》也记载了战国时齐威王、燕昭王派人入海寻求仙人、仙药之事等。中国古人为成为"神仙"而进行的种种追求,实质上是人类渴求摆脱束缚而获得自由的一种心理反映。围绕着这种心理而产生的种种行为不仅将人们追求成仙的理想载承到了道教创立之时,而且还曾对道教成仙理论的最终确定产生过促进作用。因此说中国古人追求成为神仙对道教有着直接的影响。

◎为什么说初创的道教有着浓厚的原始巫教色彩?

初创时期的道教实践方式大多属招神劾鬼之类,又多利用符箓、咒语来作法。所谓"符箓","符"是指神符,即天神授给方士的信符,形象多为篆文或图,有吞服治病,佩符神护两种作用;"箓"则是各种神灵的名册,方士以之为凭可依照天神的旨意"诏令天地万灵,随功役使"。后来道士招神劾鬼之时常把"符"与"箓"并用,故二者常合称"符箓"。《太平经》中曾记有"服开明灵符"、"佩星象符"、"佩五神符"等。《正一修真略仪》中有各种"宝箓",如"破秽箓"、"长生箓"、"护身箓"、"斩邪箓"等等。咒语又称禁咒、神咒、神祝等,是指神的语言,道士以为念咒即可驱使幽冥之功曹。史称太平道张角"符水咒说以疗病","为符祝,教人叩头以思想过",又称五斗米道张修等所行之法"略与(张)角同"。可见早期道教确是以符箓咒语招神劾鬼而为人们所认识的,因此说初创时期的道教带有很浓厚的原始巫教的色彩。

◎为什么说"太平道"也是道教的一个教派？它与道教有何联系？

太平道是早期道教教派之一。始于东汉顺帝时（126—144），当时尚未形成教团。直至东汉建宁、熹平（168—178）年间，巨鹿人张角为组织黄巾起义，始创太平道。

东汉后期政治黑暗，豪强兼并，民不聊生，加之自然灾害频仍，社会矛盾尖锐。张角顺应时势，据《太平经》以"善道教化天下"之宗旨，开始以"跪拜首过"向神忏悔的方式布道，用"符水咒说"为民众治病，备受欢迎，史称"病者颇愈，百姓信问之"。

太平道以阴阳五行，符箓咒语为根本教法，与《太平经》奉天地、顺阴阳五行而杂以巫术的思想基本吻合。它的传教方式是"师持九节杖为符祝，教病人叩头思过，因以符水饮之，得病或日浅而愈者，则云此人信道，其或不愈，则为不信道"。

太平道据《太平经》创教，亦据《太平经》组织黄巾起义。张角倡言"苍天已死，黄天当立，岁在甲子，天下太平"。

《太平经》以奉天地，顺五行为主旨，按金、木、水、火、土五行相生相克运序而对汉祚套用，这些思想无不与道教教义相吻合。

◎为什么道教中还有一个"五斗米道"的教派？它和道教有何区别？

"五斗米道"又称"米道"、"鬼道"，是道教的一派。东汉张陵在四川鹄鸣山创立。因人道的人要交五斗米，因此得名。道徒尊张陵为天师，也称天师道。奉老子为太上老君。以老子《老子五千文》为主要经典，还信奉《太平洞极经》、《太清经》、《太玄经》、《正一经》、《五斗经》。初人道的人称"鬼卒"，道徒骨干称"祭酒"。陵死传子衡；衡死，传子鲁。东汉末张鲁在汉中建立政教合一的政权近30年，建安二十年（215）降于曹操。西晋后，一部分在士大夫中传播，一部分在农民中从事秘密活动。东晋时，孙恩、卢循利用五斗米道领导农民起义，前后达十余年。南北朝时，在北方，嵩山道士寇谦之在魏太武帝支持下，自称奉太上老君旨意，"就系天师正位"，"清理整顿道教，除去三张伪法"，用儒家"佐国扶民"思想，创立了以礼拜参修炼为主要形式的新天师道，为北天师道，在南方为南天师道。唐宋以来，南北天师道与上清、灵宝等道教逐渐合流，到元代演变为"正一道"。

◎为什么道教产生于东汉？

　　秦王朝覆灭后，汉朝的统治者接受了历史教训：单靠严刑峻法和暴力镇压，并不能解决社会矛盾，治国安民。汉初奉行黄老之术，虽然使社会矛盾得到了缓解，并未抑制封建社会固有矛盾的发展，以至武帝时，又面临"盗贼群起"，农民以暴力反抗官府的形势。为了在不可避免的社会矛盾中巩固统治阶级的地位，他们借鉴了"圣人以神道设教而天下服矣"的经验，企图借助鬼神的威力，加强文武并用的"长久之术"，以使黎民百姓成为规规矩矩的顺民。汉武帝即位后，"尤敬鬼神之祀"，重用神仙方士，大搞祠神求仙活动。大儒董仲舒又建立一套以"天人感应"为核心的神学体系，把"天"说成是"百神之大君"，帝王则是秉天意而行事。董仲舒是一个集儒生、巫师、方士于一身的人物，将儒学宗教化，使儒生与方士合流，又创"谶""纬"之学。整个社会笼罩在浓厚的宗教神秘主义气氛之中。这就是孕育道教产生的气候和土壤。再加上汉代佛教的传人，给某些方士创立道教提供了启示，成为道教诞生的助产士。这就是道教产生于汉代的历史、社会背景。

◎为什么曹操对道教既利用又制约?

曹操"好养性法,亦解方药",他很羡慕长生成仙,所以在征战中并未将黄巾军及张鲁军中的道徒们斩尽杀绝,甚至给予了他们较优厚的待遇,如拜张鲁为镇南将军,封阆中侯、邑万户侯。还让张氏与曹氏联姻。同时他还将一些著名道士如左慈、华陀、甘始等招致入京,求问仙术。

然而,曹操作为一个政治家,对黄巾军利用太平道组织起义,张鲁利用五斗米道割据一方这一点认识得很清楚,所以他对道教组织又持警惕并试图制约其发展的态度。为了达到这一目的,防止其"行妖慝以惑民",遂下令"徙民弃汉中",将原五斗米道徒聚居地区的汉中人民大量北迁,使其远离根据地,而分布天下。

综上,所以说曹操对道教既利用又制约。

◎为什么关羽成了道教的大神？

关羽信仰兴于宋，盛于明。宋徽宗崇宁二年，山西解州盐城池有水妖为害，乃遣三十代天师张继先召将缚之，继先投符盐池中，妖遂除。徽宗问所召何将，继先乃召关公神于殿左。于是封关羽为崇宁真君，不久，又追封为忠惠公。大观二年，又加封为武安王，并建关王庙于解州。

关圣帝君

明代神宗时，封关羽为"协天护国忠义帝"，万历四十二年，又被封为"三界伏魔大帝神威远镇天尊关圣帝君"，并将其庙崇为武庙，与孔子的文庙相称。

关羽信仰本与道教无甚关系，但关羽生为大将，死后率鬼卒，当属道士可以召劾调遣的鬼神，因降魔有功，屡显灵异而得到帝王的信奉和百姓的供奉，于是成了道教的大神。

◎为什么说葛洪是集当时道教之大成者?

葛仙翁

葛洪（283~363年）字稚川，自号抱朴子，丹阳郡句容县（江苏省句容县）人，是晋代著名的道教学者。

葛洪著有《抱朴子》内、外篇及《神仙传》、《肘后备急方》等书。他对道教思想理论的阐述主要表现在他的《抱朴子·内篇》中。在这里，他建立了一套完整而精致的道教神学体系。他从宇宙观、本体论的高度论证了道教的长生成仙思想，并将成仙思想与封建社会的伦理纲常相结合，为人们制定了各种日常行为规范，还将道教的各种修炼方法、经书典籍初步整理归类，为道教的进一步发展奠定了坚实的基础，使得道教的思想理论达到了一个新的较高的水平。基于此，我们说葛洪是集当时道教思想之大成者。

◎为什么陶弘景被称作"山中宰相"？

陶弘景，字通明，丹阳秣陵人，生于刘宋孝建三年（456年），卒于梁武帝大同二年（536年）。他自幼好学，"读书万余卷，一事不知，深以为耻"。10岁那年，他得到葛洪著的《神仙传》后，"竟夜研寻，便有养生之志"。成年后，曾在朝廷中任过宜都王侍读、左卫殿中将军等职，后因政局变乱等原因，辞官隐居茅山，并自号"华阳隐居"。隐居之后，他仍能对世间的政治事态了如指掌，并常接受帝王的咨询，因此被当时的人称作"山中宰相"。

陶弘景学识渊博，一生著述颇多，同时加上他对道教的热情，使他得以成为道教历史上的一代宗师并为道教的发展做出了巨大的贡献。

◎为什么隋文帝扶持道教?

隋文帝杨坚出生于尼姑庙中,自幼在宗教环境中生活,对宗教有着深厚的感情。他登上皇位后,首重佛教,但对道教也同样给予扶持。他曾下诏说:"佛法深妙,道教虚融,威降大慈,洛度群品,凡在含识,皆蒙复护。"隋文帝之所以扶持道教,还有以下两方面原因:一是由于道教经过魏晋南北朝的发展和改造后已逐渐成为维护封建统治阶级的工具;二是道士们曾运用符谶为他上台做过舆论宣传。

◎为什么有道藏之说?

"藏"(读作zàng),本义是储藏东西的地方。道教中使用这个字,原指储存道书的处所或容器。我们今天之所以把按照一定的编纂意图、收集范围和组织结构,将能够搜集到的所有道教经籍安排起来的大型丛书称之为道藏,是因为一是便于对道教经籍总集的概括和称呼,二是有别于佛藏。

◎为什么唐太宗尊奉道教？

　　唐王朝建立之前，许多道士都认为李渊父子可取隋而代之，于是纷纷帮助李渊父子，消平群雄，为建立李家王朝效劳。楼观道士歧晖曾资助过李渊起兵，当李渊兵进蒲津关时，便对众人说："此真君来也，必平定四方矣。"并派道士80余人迎接李渊。以预知吉凶而著称的李淳风也称太上老君对他说："唐公当受天命。"道士们的种种说法，为李渊父子号召群众，赢得民心，平定群雄，取代隋朝制造了极为有利的政治舆论。同时，许多道士还直接参加了他的队伍。

　　道士们不仅为唐王朝政权的建立和巩固做出了贡献，还为唐太宗李世民的继位制造了种种舆论。在李世民与太子李建成争夺皇位的斗争中，道士给予了他很大的支持。正因为道士们在唐初积极为统治者服务，所以唐太宗非常尊奉道教，并加以扶持。

◎为什么说唐玄宗掀起了唐代崇道的高潮?

唐玄宗李隆基继位后，恢复了唐初崇道抑佛的政策，并掀起了唐代崇道的高潮。

一、大力神化"玄元皇帝"，掀起了崇拜老子的狂热。唐玄宗曾多次拜谒"玄元皇帝"庙，并一再给老君追加"大圣祖玄元皇帝"、"圣祖大道玄元皇帝"等等封号。下令天下普建其庙，并制其像，制造了玄元皇帝降灵的各种神话等。

二、优宠道士，尽力提高其社会地位。他曾下令：凡道士女冠有犯法者，州县官吏一律不得擅行处罚；违者以罪论处。由此可见一斑。

三、设立崇玄馆及道举制度，颁布了各种崇道规定。唐玄宗下令天下诸州各置玄元皇帝庙并设崇玄学（馆），招收生徒学习《老子》、《庄子》、《列子》、《文子》，每年准明经例考试并从中选拔"四子"举人。还规定了如道教"三元节"时，全国禁止屠宰等崇道制度。

四、积极搜集、整理、注释和传播道经。唐玄宗即位之初，曾命太清观主等人撰修《一切道经音义》，并亲自为之作序。

五、提倡炼丹服药、斋醮祈禳等活动。如道士孙太冲、郑普思等皆因为玄宗炼制丹药、提供仙方而大得宠信。

唐玄宗的崇道行为，在社会上造成了一种狂热的崇道风气，掀起了唐代崇道的高潮。

◎为什么武则天抑制道教的发展？

武则天原是唐太宗幼妾，后为高宗宠爱而成为皇后。由于高宗昏庸无能，致使野心勃勃的武则天渐渐掌握了朝政大权。公元690年，她自立为帝，改国号为周。武则天在执政期间，大力扶植佛教而抑制道教，致使佛盛道弱。高宗在位时，大权在握的武则天即已开始削弱道教，一改唐初先道后佛的做法，让其双方平起平坐。武则天称帝后，更是大张旗鼓地尊崇佛教而抑制道教。她曾下诏："自今以后，释教宜在道教之上，缁服（僧尼）处黄冠（道士）之前。"又命举子等罢习《老子》，取消了对老子所加的"玄元皇帝"封号。武则天之所以抑制道教的发展，是因为唐初的崇道政策有碍于她的政治野心的实现，而佛教则能为她篡国夺权提供服务。

◎为什么唐代道教成仙信仰会发生变化?

早期道教大多主张肉体成仙,其方式是白日飞升、举形升虚等。唐代以后,道教成仙的内容发生了变化。即成仙的主体不是肉体而是人的灵魂,其方式是灵魂出壳、"阳神"飞升而不是举形升虚。那么促使这种变化的原因是什么呢? 具体说来主要有二:

一、许多人因服食外丹而遭致死亡。魏晋以来,人们试图通过服食外丹而肉体成仙的追求在现实中遭到了极大的挫折,服食外丹,不仅未能令人举形升虚,反而毒死了许多人。于是作为肉体成仙主要手段之一的外丹术逐渐衰颓,代之而起的是注重修炼人体之精、气、神的内丹术。反过来,内丹术的兴盛又促进了灵魂成仙说的发展。

二、道教吸收佛教思想促使神仙信仰发生了变化。唐代道教大量地吸收了佛教的"缘起"思想及对肉体进行破斥的说法,以为一切现象皆是各种因缘和合才产生的,因而从本质上说都是虚假不实的。佛教思想对道教的影响不仅促进了肉体成仙说衰颓,还促使了道教成仙说的重建。

总之,上述两项原因促使了道教成仙信仰发生了变化,也是灵魂成仙说代替肉体成仙说的逻辑必然。

◎为什么宋太宗利用道教？

宋太宗之所以利用道教，是为了"镇服四海，夸示戎狄"，神化其统治。其具体如下：

一、以"真命天子"自居而威服臣下。赵匡胤发动陈桥兵变时，占星术士苗训说："此天命也"，所以当他登上宝座之后，便心安理得地对近臣说："帝王之兴，自有天命"。

二、利用道教为赵恒继位制造舆论。宋太宗欲立赵恒为太子，但怕诸子不服。于是请来道士陈抟，让他说谁当太子。陈抟心领神会地说："寿王（赵恒）真他日天下主也。"于是"建储之议遂定"。

三、利用道教来"夸示戎狄"。宋初，北方契丹曾虎视中原，令宋统治者订立了屈辱的"澶渊之盟"。宋统治者面对强敌的威胁和国人的责难，企图用大搞神道设教、封禅祭天的"大功业"来"镇服四海，夸示戎狄"。因为当时的契丹"其主称天，其后称地，一岁祭天不知其几"，所以宋朝君臣以为可以通过大搞神道设教而在心理上震慑契丹贵族，"以潜消其窥觎之志"。

◎为什么道教徒崇奉吕洞宾?

吕洞滨

吕洞宾是道教供奉的北五祖之一,号纯阳子,自称"四道人"。道教经书说他曾受钟离权"大道天遁剑法,龙虎金丹秘文",修得神仙之道。他曾"三入岳阳人不识","黄鹤楼头留胜迹"。时而化为贫者,时而化为乞丐、道人或卖药老翁,到处扶贫救困。每逢贪官恶霸,便加以戏弄、嘲讽。所到之处"宝剑光辉,扫人间之妖怪,四生六道,有感必孚"。他两袖清风,积功行善,慈悲济苦,方便度人,专打人间之不平,深受百姓赞誉。他改剑术为断烦恼、断色欲、断贪嗔;改金丹与黄白之术为内功,以慈悲度世为成道路径,对北宋道教发展影响甚大,在道教和民间中影响十分深刻。所以道教非常崇奉吕洞宾,并尊其为"大悲大愿、大圣大慈开山启教祖师"、"纯阳演正警化孚佑帝君、兴行妙道天尊"。

◎为什么说宋明理学的形成和发展在很大程度上受到道教的影响？

理学初称"道学"，是宋代出现的一种融摄佛、道二教学说的新儒学，其学说从宋至明，学术界称之为"宋明理学"。说其形成和发展在很大程度上受到道教的影响是有根据的。

其一，理学大师们都与道教有着深厚的关系，如周敦颐曾得受道士陈抟的《无印图》，程颐、程颢二人也曾从周敦颐处受《无极图》，朱熹则尤喜道教的内丹之道并曾化名"崆峒山道士邹诉"。这些关系，为理学家们借鉴道教的思想提供了方便。

其二，周敦颐的《太极图说》是理学的奠基之作，所用《太极图》是以道教的《太极先天图》及《水火匡廓图》揉合而成的，其《说》也是以附于《太极先天图》之后的说为蓝本的。如《太极图说》中关于无极→太极→阴阳→五行这种宇宙生成说就是道教宇宙观的变版，有关人的"形神"及"主静"的说法也来自道教。

◎为什么说太一道是道教三大新道派中唯一的符箓派?

太一道是金初华北出现的三大新道派之一（另两派是全真道、真大道）。说太一道是三大新道派中唯一的符箓派，其理由有三：

一、他们以老子"弱者道之用"思想为主旨，传行"太一三元法箓"，以祈禳被祓为事。"太一"本为秦汉时所奉祀的最高主神，又有"元气混沦，太极剖判，至理纯一"之义；"三元"是指天、地、水三官大帝。

二、其创始人萧抱珍创立太一教，才始传太一三元法箓之术。据元王鹗《重修太一广福万寿观碑》云：萧抱珍"得道"后，"即以仙圣所授秘箓济人，祈禳、诃禁，罔不立验；天眷初，其法大行"。

三、太一道二世祖萧道熙平好施舍，养老恤孤近千人，善行符箓"捕逐鬼物"。

综上，太一道传行"太一三元法箓"，其门主又善符箓。而全真、真大皆不善行此道，故称之为三大新道派中唯一的符箓派。

◎为什么说王重阳为全真教的兴盛奠定了坚实的基础?

王重阳原名中孚,字元卿,后改名为世雄,字威德,入道后又改名喆,字知明,号重阳子。他生于宋徽宗政和二年。自称于正隆四年在甘河镇酒肆中遇到了两位"异人"(可能是吕洞宾和刘海蟾)传之修炼秘诀,之后便弃家而入终南山时村穴居,并为其取号"活死人墓"。67年放火烧掉了"活死人墓",东出潼关,来到山东半岛传教。

王重阳

说他为全真教的兴盛奠定了坚实的基础,其理由有三:一、树旗收徒。王重阳来到山东后,正式树起了"全真"的旗号,并收了马钰、谭处端、刘处玄、邱处机、王处一、郝大通、孙不二为门徒。这七人后来都为全真教的兴旺发达做出了重大贡献。二、组建教团。王重阳在山东各地建立了一些教团组织。如"三教七宝会"、"三教金莲会"、"三教三光会"、"三教玉华会"等,吸引了大批群众加入其中,从而对

"全真"也是一种壮大。

三、积极从事理论建设。他的著作有《重阳全真集》、《重阳教化集》、《重阳分梨十化集》、《重阳立教十五论》等等。

王重阳东行传教的时间虽然只有三年，但在组织和理论上都为全真教的兴盛奠定了基础。

◎为什么说全真教是革新派？

全真教是宋金之际北方出现的一个新道派。初创时，并未宣称自己是道教的继承者，而是高唱三教圆融，以儒释道三教的继承者自居，人们"以其非儒非释，漫以道教目之"。

陈垣认为："其实彼固名'全真'也，若必以为道教，亦道教中之改革派耳。"其实全真教是儒、释、道三教合一的产物，但它又始终未脱离过道教丹鼎派传统的追求成仙的轨道，且在元代刊行《道藏》以示自己上承道教统领，所以将它说成是"道教"而不是儒释二教并不为过。只是全真教与传统的旧道教已有所不同，它是在旧道教衰落的基础上发展起来的一种新道教，对旧道教的思想理论及行为方式都做了较大的改革，所以我们将它视为道教的革新派。

◎为什么道教徒崇奉邱处机？

邱处机，道教北七真之一，全真龙门派的创立者。号长春子。19岁在宁海昆仑山修道，曾入磻溪6年，龙门七载，隐显莫测，抱道无穷。他所到之处，无不施财舍药，普济众生。特别是公元1219年元太祖成吉思汗在雪山诏聘他，他不顾80高龄，不畏山高路远，毅然前往。一路上行功累德，除霸安良，给北方人民留下了深

丘处机

刻印象。终于在1222年4月到达雪山，见到了成吉思汗。元太祖问他治国与修身之道，他说"治国要以敬天爱民为本，修身要以清心寡欲为要"等一席话，深得元太祖信服。之后太祖命他"掌管天下所有出家人"。使得道教全真龙门派不断发展壮大。他还撰有诗词集《磻溪集》、《鸣道集》，还撰有《摄生消息论》、《太丹直指》等炼养术道书，对道教兴盛发展有卓越贡献。所以道教对邱祖特别崇奉和敬慕。

◎为什么成吉思汗恭敬道教?

成吉思汗恭敬道教的原因,可从如下方面回答:

一、成吉思汗对道教的养身长生术很感兴趣。他的侍臣刘温曾说:邱处机有养身长生的秘术,已活了300多岁,所以当邱处机与他相见,对其言便深以为然。

二、他是为了达到统治中原汉族人民的政治目的。成吉思汗深知,要想有效地统治被征服地区的广大人民,仅仅靠武力是不够的,必须辅之以其他手段,而道教及道家学说中的安抚之术就是征服人心的重要武器。故当时在中国影响最大,举足轻重的全真教自然就得到了成吉思汗的重视。

三、成吉思汗想借汉人的宗教联合南宋王朝,攻击苟延残喘的金朝政权。这正如其所言,"若假道于宋,宋金世仇,必能许我"。

综上,成吉思汗恭敬道教目的是明确的,而其关键是发展和维护其统治。

◎为什么邱处机要见成吉思汗？

当宋、金、蒙三方统治者都向邱处机发来邀请之时，邱处机毅然拒绝了宋、金之请，不辞辛劳地西行跋涉至中亚面见成吉思汗。他之所以要见成吉思汗，是因为认定了惟有蒙古人将一统天下，从而借强大的蒙古统治者的力量来发展全真教。这也是他不应业已衰落的宋、金王朝召见的原因。

邱处机见到成吉思汗后，竭力宣扬和推崇全真教。他说道教经典皆是上天所降，"上天屡降经教，劝人为善"，而这些经典"皆治心修道、祈福禳灾、扫除魑魅、拯疾疫之术"；又极力神化自己所统领的全真教派，说与他一同修道的刘处玄、谭处端、马钰等人皆"功满道成，今已升化"，惟有他自己"辛苦之限未终"而暂未成仙，试图以此获得蒙古统治者对道教的崇尚。果然，他返回中原时，得成吉思汗诏令：尽免全真道士赋役。第二年，成吉思汗又诏令他掌管天下道教事，并赐金虎符，许他便宜行事。这一切为以后全真教的兴旺奠定了基础。

◎为什么说张三丰是一位充满传奇色彩的人物？

张三丰之所以成为一位充满传奇色彩的人物，其原因有五：

一、关于他的名字众说纷纭。如名通、名金、名全一、名君实、名君宝、名三峰等等。《明史·方伎传》认为他"名全一，一名君实，三丰其号也"。清代李西月认为他"名全一，字三丰"。

二、关于他的籍贯记载不一。有的说他是平阳人，有的说他是天目人，有的说他是宝鸡人，有的说他是辽东懿州人，有的说他是辽阳人，有的说他是冀州人、义州人、闽人等等。

三、关于他生活的时代众说不一，有说他是宋朝的，有说他是元朝的，有说他是明清的。

四、他行踪莫测，死而复生，预知后事。举一例，他隐居武当山时，曾预言："此山异日必大兴"。果真明成祖时，在武当山大兴土木，致使其香火大旺，迄今不绝。

五、张三丰是中华武术太极拳的创始人。著名太极拳家吴志清说："考各家太极拳之源流，均称系丹士张三丰所传授。"王渔洋说："拳勇云技，少林为外家，武当张三丰为内家。"可见张三丰对中华武术的发展也做出过贡献。

◎为什么明代统治者对道教既崇奉又抑制?

明代统治者非常尊敬崇奉道教,但同时对道教又采取了很严格的管理和控制。其既崇奉又抑制与明朝的开国皇帝朱元璋的经历有着很大的关系。据杨启樵的《明清史诀奥》云,朱元璋的降生及后来的南征北战,至登基称帝等都同道士有着联系,道士们曾为明王朝的建立立过汗马功劳,所以明朝统治者非常崇敬道教。但朱元璋起自民间,曾利用过宗教进行推翻元室的斗争,他深知宗教有着极大的号召力,又觉佛、道二教"蠹财耗民",所以对道教又采取了一定的抑制政策。

◎为什么明清时期有不少道士力图推动道教的发展？

明清时期，道教已呈衰落之势，但还有不少道士积极活动，努力著述，力图推动道教的发展，如邵元节、陶仲文、张三丰、王常月、陆西星、李西月、赵宜真、姜近垣、张友霖、周玄真、付若霖、刘渊然、邵以正、伍守阳、柳华阳、沈常敬、刘一明、黄守中等等。

◎为什么黄天教与道教有着很深的联系？

黄天教是明嘉靖年间直隶人李宾创立的一支以外佛内道为特征的民间宗教。说其与道教有着很深的联系，其理由有三：

一、其与道教全真派有着密切的联系。当时失势后的全真道，逐渐与民间宗教合流。黄天教即含有很重的全真道色彩，在李宾看来，黄天教即全真道，所以他大讲"大道本全真"，"全真大道，乃是在家菩萨，悟道成真"等等。当然，黄天教并非全真道，但黄天教确实继承了全真道"兼修性命"、"三教圆融"等思想。

二、黄天教初期的几部经典，其中贯穿着一条修炼内丹以求长生的思想主线。如《普明如来无为了义宝卷》说"炼金丹九转以后，牟尼宝辑上昆仑。全书诏身人紫府，赴蟠桃永续长生"等等。这明显是受道教内丹学影响的结果。

三、其为百姓做道场，其内容也与道教有很多联系。他们做道场所用的经典《普静如来钥匙真经宝忏》，细察其内容大多是从道教经典中搬运而来；做道场时，又需请一些正宗的道士来帮助诵念经忏。道士们也把黄天教当作正统的道教来崇奉，很愿意前来做这种道场。

总之，他们有着很深的联系，当黄天教流传天下之时，道教的思想也随之影响了大批的民间百姓。

◎为什么说《封神演义》是以道教各种神仙人物为题材创作而成的？

《封神演义》，明代长篇小说。作者难于确知。明舒载阳刊本卷二题"钟山逸叟许仲琳编辑"，《曲海总目提要》卷三说是陆长庚作。全书一百回，作者以宋、元讲史话本《武王伐纣平话》为基础，同时博采古籍与民间传说。贯穿全书的一条主线即是元始天尊与通天教主的截教之间的斗争（通过周武王与商纣王两方势力的斗争中表现出来）。小说中的各种神仙人物，一是从道教的神殿中取来，如元始天尊、太上老君等；二是从佛教的神殿中借来，如慈航道人、燃灯道人等；三是作者新造出来的，如多宝道人、火灵圣母等。这些神仙都离不开一个"道"字，由此可见，《封神演义》是以道教的各种神仙人物为题材创作而成的。

◎为什么袁世凯恢复张天师的封号?

　　1912年，中华民国建立。民国政府主张破除封建迷信，江西都督府因此于民国元年取消了张天师的封号并取缔了其封地，这对本来就已衰微的道教来说无疑是雪上加霜。为了借政治权力挽救衰颓的道教，其领袖们积极地为当时强有力的政治集团服务。袁世凯复辟帝制之时，道教天师为其大造舆论，从而得到了袁世凯的欢心。因此袁世凯称帝后，恢复了天师的封号，发

张道陵

还了天师府的田产，并赐第62代天师张元旭为"正一嗣教大真人"，又赐其三等嘉乐章及"道契崆峒"扁额。

◎为什么说建国后道教的发展随着政治气候的变化而有所沉浮？

新中国诞生之后，道教适应其要求，接受中国共产党领导并拥护走社会主义道路。1957年4月，在人民政府的支持下，以"团结和教育道教徒爱国爱教，积极参加社会主义建设，发扬道教优良传统，协助政府贯彻宗教信仰自由政策"为宗旨的中国道教协会正式成立，从此道教有了自己的全国性的统一组织。

同年夏季以后，全国兴起了反右斗争，中国道协的岳崇岱（第一任会长）等人均被打成右派分子，道教界对此深感迷惘。1958年后，"大跃进"、人民公社化之风吹遍全国，由此不少宫观变成了生产队。1961年前后，中共中央对有些方面工作的过热进行了调整，全国政治气候有所缓和。陈撄宁借此提出在道教界开展学术研究、建立道教院校、出版道教刊物等计划，得到了有关部门的赞同和支持，由此道教的发展呈现出了繁荣兆头。

1966年，"文革"爆发，全国人民陷入一场浩劫，道教的一切均被砸乱。

1978年，中共中央召开了第十一届三中全会，拨乱反正，道教一切工作方恢复。从此，道教也进入了一个新的发展时期。据统计，全国现有常住全真丛林宫观的道士近万人，子孙庙全真道士近2000人，散居于民间的火居道士近万人。开办了中国道教学院以培养道教的高级人才，出版了一系列有关道教的书籍，《中国道教》杂志在国内外已有较大影响，中国大陆的道教与港、澳、台及国外道教界有着广泛的联系。

◎为什么说台湾的道教是内地的移民携入的？

相传唐代道士施肩吾曾"率其族，迁居澎湖"。明清时，随着福建、广东等地大批移民进入台湾，道教也开始传入台湾。据学者考证，道教正式传入台湾是明朝的万历年间，是由福建漳州的闾山三奶派道士传入的。明清之际，郑成功父子治理台湾时，为图"安邦镇国"，建立了许多玄天上帝庙，由此道教在台湾得到了较大的发展。清乾隆后，道教茅山派、正一派、清微派等陆续传入台湾。国民党政府逃台时，第63代天师张恩溥随其军队也逃入台湾，台湾道教因此得以振兴。综上可见，台湾的道教是内地的移民携入的。

◎为什么说中国道教协会是一个爱国爱教、贯彻宗教信仰自由政策的组织?

中国道教协会是中国道教徒全国性的宗教组织,成立于1957年4月。当时该会订立的宗旨是:"团结和教育道教徒爱国爱教,积极参加社会主义建设,发扬道教优良传统,协助政府贯彻宗教信仰自由政策。"

现中国道教协会下设有道教文化研究所,办有《中国道教》季刊和中国道教学院。道教文化研究所成立于1989年,搜集、整理、研究道教文化,撰写道教历史、哲学与经典等资料和论文,其成果显著。《中国道教》是国内外公开发行的季刊,有道教论坛、丛林风范等栏目。中国道教学院以培养"爱国爱教的,具有较高道教知识和修养并有志为道教事业服务的青年道教徒"为目的,设有道教历史、教理教义、斋醮科仪、戒律、修养方法、宫观管理、政治、文化课等课程,学制两年,分为专修班和进修班两类,学员毕业可获中专或大专文凭。以上机构和刊物对提高道教徒的素质,继承和发扬道教优秀的传统文化,宣传"宗教信仰自由"政策等均有着积极的作用。因此说中国道教协会是一个爱国爱教、贯彻宗教信仰自由政策的组织。

◎为什么香港道教自近代以来发展迅速？

香港晋代属番禺县辖地，著名道士曾在该县粤秀山兴建越冈院，道教那时便对香港产生了影响。宋时，香港已有颇具规模的道教庙宇了。明朝万历年间，香港曾兴建了一座奉仙人的长丰庵。清朝康熙年间，香港曾流传何氏女尸解成仙的传说，当地人为她建庵塑像。后来香港界内兴建了许多道教宫观庙宇。迄今香港已有百余座道观，道士女冠近千人、信徒数十万。

香港道教自近代以来发展颇快，其原因如香港道教联合会主席汤国华所说：乃是由于工业社会给人们身心造成的压力很大，"有识之士，深知唯有宁静澹泊可养性情，屈伸吐纳可练身体。至于求福免祸、趋吉避凶，则是人性的本然需要，因而信徒甚众，道堂的建立与日俱增"。此语不无道理。

◎为什么说中国的道教已远播海外，在世界上产生了一定的影响？

　　道教是中国土生土长的宗教，主要在中国的境内流传。但随着中外文化的交流和华人移居海外，道教也远播海外，在世界产生了一定的影响。据调查统计，国外道教活动场所及传道士的分布情况如下：北美洲设道坛或庙54座，有传道士25000人；南美洲设道坛或庙85座，有传道士27000人；欧洲设道坛或庙98座，有传道士29000人；非洲设道坛或庙54座，有传道士3400人；大洋洲设道坛或庙130座，有传道士9500人；亚洲除中国外，有道坛或庙636座，信徒93140人。道教在海外的流传以亚洲尤其是东亚、东南亚为最盛。

　　近年来，海外道教界与中国道教界之间进行了许多友好交流，这种交流在目前有进一步加强的趋势。

◎为什么说《道德经》的主旨是清静无为、返朴归淳？

    《道德经》主要讲"道"是一切事物的根本、人们的行为所应当遵循的原则，人们得到了它，也就有了"德"。然而"道"难以用人类的语言来把握，它在天地生成之前就有了，但我们又不能用具体的某物存在的"有"去表述它。因此说"道"正体现在事物反有为无、反动为静等等循环往复的"归根复命"之中——这一切都体现出"道"的本始、永恒、自然、无为、清静、无名、同一。《道德经》的思想兼有治身、治家和治国等方面的内容，以形而上学的"道"为出发点，构设并主张一种原始、质朴、清静、寡欲、谦退、俭约、慈善、不好夸誉、顺乎自然而不勉强作为的理想化的道理世界。

    综上可见，《道德经》的主旨是清静无为、返朴归淳。

◎为什么《庄》、《列》、《文》、《元》被称为"四子真经"？

唐玄宗开元二十九年（741年），立崇玄学，置生徒，令习《老》、《庄》、《列》、《文》，准明经例考试。由于唐皇室奉老子为其始祖，玄宗特地为《老子》作注和疏，并令士庶家藏一本。这便是最初的"四子"。

天宝元年（742年）玄宗诏封庄子为南华真人，列子为冲虚真人，文子为通玄真人，庚桑子为洞虚真人，"其四子所著书改为真经"。《老子》（即《道德经》）没纳入其中，据《新唐书·艺文志》说，天宝中又加号《玄通道德经》，所以"世不称之"。于是《庄子》、《列子》、《文子》、《元仓子》（又名《庚桑子》）便被称为"四子真经"。

◎为什么道教也有"四书五经"?

道教的"四书五经"之名，出现甚晚，它是模仿儒家的《四书》、《五经》而来的，其如佛教的"十三经"仿效儒家的《十三经》之名一样。

四书有内外之分：内修四书指《参同契》、《悟真篇》、《阴符经三皇玉诀》、《青华秘文》；外修四书指《生神章》、《济炼科》、《祈祷仪》、《千金方》。

道教五经一般指《黄帝阴符经》、《老子道德经》、庄子《南华真经》、关尹子《文始真经》和《黄庭经》。还有内外五经之说，内修五经指《阴符经》、《道德经》、《清静经》、《龙虎经》、《黄庭经》；外修五经指《度人经》、《玉皇经》、《玉枢经》、《北斗经》、《三官经》。

◎为什么说《太平经》为道教思想理论的发展奠定了基础？

《太平经》又名《太平清领书》、《太平青领文》。学术界一般认为它是现存最早的道经。说《太平经》为道教思想理论的发展奠定了基础，其原因主要有三：

一、其主要讲元气、阴阳、五行、灾变、天人感应、养生之道等，以奉顺天意、好生恶杀、省欲去奢、尚德去刑，举贤纳谏、兴国广嗣为主旨。其中有一突出特点，就是凡事都用"三合相通"去说明。

二、其继承《周易》中"积善之家，必有余庆；积不善之家，必有余殃"的说法，提出"承负"说，用以解释善恶之关系。又认为，天监督人们的行为，人行道，天喜悦，人失道天降灾。

三、其提到白日升天、尸解这两种成仙方式，认为长生成仙可力学而致。尤其重视"守一"；又有存神、食气、守气等方，并论及符咒、灸刺、医方等。

◎为什么说《胎息经》是最短的一部道经？

道书中不乏短经，如《混元阳符经》、《太上老君外日用经》、《太上老君说了心经》、《太上大通经》等都在300余字以内，而《高上神霄元令上经》只有"神完"二字。但这些"经"实际都是符字，故而特别注明是催促灵官仙将、镇劾鬼邪之用。有的符仅有一字。但它们都不能算作一部书。

《胎息经》只有83字，专讲胎息。其中说："胎从伏气中结，气从有胎中息。气入身来谓之生，神去离形谓之死。"所谓胎息，好比胎儿，只在母腹中呼吸，要求修行者闭守其气。因此书中说，想要长生，"神气相注，心不动念"。寥寥数语，就交待清楚了胎息要领。所以说《胎息经》是道书中最短的一部道经。

◎为什么有"步虚章"之说？

道士斋醮时旋绕道场巡行，因仿照想象中的神仙飞空蹑虚，故名"步虚"；道士在道场歌咏的带韵词章，名为"章"。二者合一，即步虚章，或称"步虚词"或"灵章"。

《空洞灵章》和《升玄步虚章》是这方面较早的著作。而现今存留的《步虚章》代表作是《洞玄灵宝玉京山步虚经》。现举一例以示说明："稽首礼太上，烧香归虚无。流明随我回，法轮亦三周。玄元四大兴，灵庆及王侯。七祖生天堂，煌煌耀景敷。啸歌观太漠，天乐适我娱。齐馨无上德，下仙不与俦。妙想明玄觉，诜诜巡虚游。"这首《洞玄步虚吟》歌章体现了修斋祈福的宗旨。

◎为什么有"功过格"之说？

功过格是道教的一种戒律书，按功（善）和过（恶）两大类分成若干小类。小类中又有若干小条，要求信众按照这种格式填写自己每日所行的善恶之事，月终以过除功，将功折过，然后总计功过大小。因为这种书提供了格式、范例，所以叫做"功过格"。功过格特别强调道德自律，但并没有放弃天曹赏罚的道教基本观念。

◎为什么叫仙传？

因为是神仙的传记，所以叫仙传。仙，指肉体或精神不朽，有卓行异能或特异神通的人，往往也被视为神仙。其中有神话传说的黄帝、盘古，又有沟通人神的玄中大法师，也有历史人物，如范蠡；既有道士，又有未出家的人。仙传大致可分三类：一是个别神仙的传记，如《老君内传》等；二是同类神仙、道士的集传，如《十二真君传》等；三是神仙、道士的总传，如《列仙传》等。

◎为什么说道教类书的价值是多方面的?

说道教类书的价值是多方面的，可从如下五方面说明：

一、便于查找资料，从中获取有关知识。如"三洞四辅十二部"是什么意思，查《云笈七签》卷六《三洞经教部》，就能找到其解释。

二、提供有关道教的系统知识。从某种意义上说，道教总类书是道教的缩影。通过阅读可以获得系统的知识。

三、可供辑佚之用。道教类书引用的一部分书籍已经散佚。那么就可以据以采辑。

四、可供考证之用。道书多不著明真实作者和年代，要给道书断代，除了考虑其他因素，道教类书无疑是一条线索，因为它比较系统、全面，为我们了解道教的时代风貌提供了依据。

五、可供校勘、版本学之用。如《云笈七签》中摘录的《翊圣保德真君传》，序题宋真宗制，文内黑杀神封号仅"翊圣保德真君"六字，证明《正统道藏》本"宋仁宗御制《翊圣应感储庆保德真君传序》"系后人误题。

◎为什么说《太上感应篇》是专讲天人感应、善恶报应的劝善书?

　　《太上感应篇》系道教典籍。此书认为善恶报应如影随形，"司过神"专门监督人的行为，根据人所犯过之轻重，予以处罚；人间有三台北斗神君、三尸解记录罪恶。三尸解每到庚申日上诣天曹告人罪过，月晦日灶神亦然。要想长生，先须避免过失。不做坏事，积累功德，慈心于物、忠孝发悌，正己化人，悯人之凶，乐人之善，济人之急，救人之危。如此，"人皆敬之，天道佑之，福禄随之，众邪远之，神灵卫之，所作必成，神仙可冀"。由此可见，《太上感应篇》是一部假托太上所说，专讲天人感应、善恶报应的劝善书。

◎为什么说三洞四辅有高低之分?

三洞就是洞真、洞玄和洞神';四辅即太玄、太平、太苟和正一。"洞"是通达的意思;"辅"是辅佐、辅成。三洞四辅是道书的分类,合称七部,也就是七大类。

说其分类,这些典籍是有高低之分的。据道教徒说,三洞经书对应于玉清境、上清境、太清境所谓"三清"或者天宝君、灵宝君、神宝君所谓"三宝",分别为上、中、下"三品"或者大、中、小"三乘"。而四辅是补充三洞的分类法应运而生的。七部在分类层次上是同级的,但在宗教观念上却有高低之分,传授经戒按正一、太清、太平、太玄、洞神、洞玄、洞真的阶次进行,就体现了这一点。

◎为什么道教典籍里有"虚目"?

"虚目"是指有书名、卷数,而没有实际内容的空集。道教有许多典籍,如《真诰》著录的《大洞经·精景按摩篇》、《消魔上灵经》等等即是。虚目一般用"未书"、"未行于世"或"犹如天宫"等注语来表示。

那么,为什么道教典籍里要用"虚目"呢?一是宣称某部书或某些书"秘在天宫";二是驱策人们用行动去实现那种观念和要求。书是人写的,过去没有,并不意味着将来也不会有这样的书。如《三洞经书目录》便是这样,到北周时,那些原来"未行于世"的经书和注都已"见存"。

另外虚目对我们断定道书撰出时代有着实质意义。

◎为什么道家书和道教书往往归为一类?

道教，简单地说，就是信"道"的宗教。这种宗教大约出现在汉代。然而议道、崇道的书籍在先秦比比皆是，于是汉代学术分类把专门论道者归为道家。道教出现后，它继承了道家的思想遗产，道家书便构成了道教典籍的一部分。首先是《老子》被东汉道士张陵、张修、张鲁当作必读的教本。《庄子》大约在南北朝时也纳入道教经典，等等。

历史上，人们称道教为"道家"比称"道教"的场合要多得多，也常常把道家说成道教，把道教说成道家。基于此，约定俗成，反映在文献分类上，道家书和道教书也就往往归为一类了。

◎为什么道教以"道"名其教?

道教之所以以"道"名其教,是因为它以绝对崇仰、服从"道"为特征。道的观念,渊源于道家。道教发展不同时期的不同道派、道教理论诸家,对道的解释并不完全一致,但总的看来,他们都以道为天地万物的本源,万物存在的终极因及起主枢作用者,如《太平经》称道为"万物之元首"、"大化之根"等。道教诸家认为,道的性质是无名、无形、无为,乃形而上的东西。无名,即不可用概念来表述,"道"属不得已的"强名"。无形,即无具体形相。无为,即无主观意志。道的根本属性又常以"虚"、"无"、"空"来表示。又谓道绝对无偶、超越空间、永恒常存,具有生化万物的神奇功用,无为而无不为。道不可违逆,顺之者昌,逆之者亡,是必须遵从的绝对命令。

◎为什么道教以敬奉太上老君为最根本的信条?

《太上混元圣纪》云："太上老君者大道之主宰,万教之宗元,出乎太无之先,起乎上极之源,经历天地,不可称载。终乎无终,穷乎无穷者也。"该书作者谢守灏认为以往的太上老君记传"率多疏略",因此他"编考三教经典传记,究其源流,仍序历代崇奉之事,编为圣记,冠以年谱"。认为老君是无世不存在的,屡世皆为王者之师。

纪传说:周成王时老君为柱下史,号经成子。授道周公,乃游西极大秦竺乾等国,号古先生。周昭王二十三年老君西过函谷关,度关令尹喜,授以道德五千言。汉成帝河平二年,降于琅琊曲阳,授于阳《太平经》。后汉明帝元和二年,又"授于吉真人一百八十戒"。汉顺帝汉安元年老君降于蜀之鹤鸣山,授天师张道陵《正一盟威》秘箓;再降赐《太清中经》九百三十卷,符文七十卷。建康元年又授天师三洞众经及超度九祖斋直之法。北魏明皇帝神瑞二年,老君降于嵩山,授道士寇谦之《云中音诵新科之戒》。唐高祖武德二年。老君降于牛角山语吉善行,令奏闻云:"我帝祖也。"

唐高宗龙朔二年,帝祠老君。乾封元年上尊号玄元皇帝。

唐玄宗天宝二年上老君尊号大圣祖玄元皇帝。宋真宗大中祥符七年，上老君尊号太上老君混元上德皇帝。

基于上述，道教便把敬奉太上老君为无世不存之至尊天神，作为自己最根本的信条。

◎为什么用"三十六部尊经"代称道藏？

道教的三洞四辅是指道书的分类，而十二部是三洞之下的分类，按照现存《正统道藏》的实际分类，它们是本文类、神符类、玉诀类、灵图类、谱箓类、戒律类、威仪类、方法类、众术类、记传类、赞颂类、表奏类。三洞之下各分十二部，合为三十六部。

三洞是道藏分类的基础，十二部通用于三洞构成三十六部，故而道书多以"三十六部尊经"代称道藏。

◎为什么道教信奉玉皇大帝？

玉皇大帝是"诸天之主，万天之尊"。常言说："天上有玉皇，地上有人皇。"在道教宫观中玉皇大帝是仅次于"三清"的最高尊神。他总管三界十方、四生六道等一切祸福因果。"化形十方界，普济度天人。"所以说道教信奉玉皇大帝。

信奉玉皇大帝最盛要算唐宋。唐代尊奉老子为玄元皇帝，其次就是尊崇玉皇大帝。宋代最尊奉玉皇大帝，曾几次上玉皇大帝号。大中祥符八年（1015年），尊玉皇大帝为"太上开天执符御历含真体道玉皇上帝"，并刻玉皇天书。宋徽宗政和六年（1116年）九月，尊玉皇大帝号为"太上开天执符御历含真体道昊天玉皇上帝"，并塑造圣像。每年腊月廿五日，是玉皇大帝的出巡之日，道教徒们在这一天都要举行十分隆重的接驾仪式，举办道场，迎接玉帝御驾的"巡察"。正月十九是玉皇大帝圣诞日，道士们都要举行庄严盛大的祝寿道场，馨香祷祝，诵经礼忏。

◎为什么四位天帝有"四御"之称？

四位天帝即：玉皇大帝，又称昊天金阙至尊上帝，为执天道之神；勾陈上天宫皇上帝，为协助玉皇执掌南北极与天地人三才，并主宰人间兵革之神；中天紫微北极大帝，为协助玉皇执掌天经地纬、日月星辰、统御诸星和四时气候之神；后土皇祇，又称承天效法后土皇地祇，掌阴阳生育、万物之类与大地山河之秀的女神。因"四御"之徽号均为宋真宗、徽宗时所加。故四位天帝便被称为"四御"。

◎为什么三位天尊被称为"三清"？

道教信奉的崇高之神，称为"天尊"或"道君"，而"三清"则为至高无上之尊神，所以道教将玉清境清微天元始天尊、上清境禹余天灵宝天尊、太清境大赤天道德天尊统称为"三清"。

道德天尊（太上老君）是道教最早崇拜的至尊天神，是先天地而生、无世不存的宇宙至尊之神。

元始天尊，"生于太元之先，禀自然之气，冲虚凝远，莫知其极"。（《隋书·经籍志》）陶弘景造作《真灵位业图》，将道教之神仙分别班次，共分七阶，便已将"元始天尊"列为道教第一级的中位尊神。

太上道君为道教崇高之天尊。陶弘景《真灵位业图》中第二级中位便是"上清高圣太上玉宸玄皇大道君"，其为万道之主。

南北朝时，道教已将元始天尊、太上道君、太上老君统称"三清"，同为道教至尊之神。

◎为什么十洲三岛为仙人游息之处?

十洲为祖洲、瀛洲、玄洲、炎洲、长洲、元洲、流洲、生洲、凤麟洲、聚窟洲。三岛即昆仑、方丈、蓬莱。

道教认为这十洲三岛皆在八方巨海之中，人迹稀绝，那里有长生不死之仙草，是仙人游息的地方。

◎为什么"五方六国"为道教向往之处?

　　《云笈七签·天地部·总说天地五方》云:"东方弗于岱,其国音铭呵罗提之国。土色如碧脂之鲜,无有山阜,广狭九十万里,其国人形长二丈,得四百岁之寿,无有中天之命。南方阎浮利,其国音则铭伊沙拖之国。土色如丹,广狭八十一万里,其国人则长二丈四尺,寿三百六十寿。西方俱耶尼,其国音则铭尼维罗绿那之国。与天西关相接,土色有如玉,广狭六十八万里,其国人形长一丈六尺,寿六百岁。北方郁单,其国音则铭旬他罗之国。土色黑润,广狭五十八万里,其国人形长一丈二尺,寿三百岁。上方九天之上,清阳虚空之内,无色无相,无形无影,空洞之铭元精青沌自然之国。以青气为世界,上极无穷,四覆诸天,则高上玉皇万圣帝真,受生之根元,寿命无量。群仙居之,无量寿。中国直下极大风泽,去地五百二十亿万里,纲维地源。中国音则铭太和宝真无量之国。中岳昆仑,即据其中央。甚国人形长九尺,皆学导引之术,修上清之道,寿一千二百岁,无有横夭之年。"由此可见"五方六国确为道教信徒向往之处"。

◎为什么道教会有许多女神仙?

人们常说："修道者多，成道者少。"特别认为女子修炼成仙则更寥寥无几。然而道教却有许多女神仙。如晋代的魏华存，经书中说她自幼爱道，清心寡欲，常服胡麻散、茯苓丸，吐纳气液，后于南岳得道飞升，并留有《黄庭经》一书，成为后世道教徒修炼人道的经书。晚唐胡愔，曾修道太白山，她以《黄庭经》文意隐晦，著《黄庭内景五脏六腑图》、《黄庭外景图》、《补泻内景方》等，为后辈修仙炼养指出途径。金元时，"北七真"之一的女道姑孙不二，她受王重阳导化入道，曾修六年而丹成，并撰《孙不二元君法语》等书。

民间"女神"亦不少，如上古仙真女娲娘娘、西王母、南斗注生娘娘、北斗注死的斗姆元君、泰山娘娘、眼光娘娘、催生娘娘、送子娘娘、天花娘娘等女神仙。道书中所记载的女神仙如唐末杜光庭《庸城集仙录》就集有36位，元赵道一《历世真仙体道通签·后集》也收录女神仙120多位。

◎为什么道教有七十二福地之说法？指的是哪七十二名山？

道教认为我国七十二大地名山，是仙人居住的福地。《云笈七签》卷二十七载，七十二福地是：地肺山、盖竹山、仙磕山、东仙源、西仙源、南田山、玉溜山、清屿山、郁木洞、丹霞洞、君山、大若岩、焦源、灵墟、沃州、天姥岭、若耶溪、金庭山、清远山、安山、马岭山、鹅羊山、洞真墟、青玉坛、光天坛、洞灵源、洞宫山、陶山、三皇井、烂柯山、勒溪、龙虎山、灵山、泉源、金精山，阁皂山、始丰山、逍遥山、东白源、钵池山、论山、毛公坛、鸡笼山、彰龙山、抱福山、大面山、元晨山、马蹄山、德山、高溪蓝水山、蓝水、玉峰、天柱山、商谷山、张公洞、桐柏山、平都山、绿萝山、虎溪山、司马梅山、长在山、中条山、茭湖鱼澄洞、绵竹山、泸水、甘山、瑰山、金城山、云山、北邙山、卢山、东海山。皆"上帝命真人治之，其间多得道之所。"

◎为什么北京白云观会成为道教的中心？

北京白云观的前身是唐玄宗时建造的玄元皇帝庙，即一所专奉老子的皇家祖庙，后改为"天长观"。公元1174年，曾进行了一次大规模的扩建，更名"十方大天长观"，成为当时北方最大的丛林制道观，藏有《大金玄都宝藏》。刘德仁（真大道创始人）、邱处机、王处一等人都曾到这里访道参玄，因此那时的"十方大天长观"已俨然成为北方道教中心。

公元1202年，"十方大天长观"毁于火灾，翌年奉敕重建为太极殿。公元1224年，邱处机自雪山回大都，居太极宫。三年后，元太祖为邱处机诏改太极宫曰长春宫。邱处机是全真龙门派祖师，因此白云观也就成了龙门派的发祥地，后来各地访道者相继来此，成为传道布教的中心。解放后，白云观得以多次整修，1957年中国道教协会成立。会址设于白云观。结合历史渊源和中国道教协会会址的处所，因此说北京的白云观是道教的中心。

◎为什么不能把道家和道教混为一谈？

首先是道家思想。道家和道教，本来是有区别的。先秦道家，是以老、庄为代表的哲学流派，而道教是东汉创立的一种宗教。但两者并非毫无联系。道教创立时，奉老子为教主，以'《道德经》为主要经典。《道德经》的基本思想是"道"，并把道看作超时空的天地万物的根源，既有本体意义，又有规律的意义，其界限不清，"玄之又玄"。《庄子》把道阐释为"有情有信，无为无形；可传而不可受，可得而不可见；自本自根，未有天地，自古以固存；神鬼神帝，生天生地；在太极之先而不为高，在六极之下而不为深，先天地生而不为久，长于上古而不为老"。并谓"黄帝得之，以登云天；颛顼得之，以处玄宫；禺强得之，立乎北极；西王母得之，坐乎少广，莫知其始，莫之其终；彭祖得之，上及有虞，下及五伯；傅说得之，以相武丁，奄有天下，乘东维，骑箕尾，而比于列星"。道教是从宗教角度，把道说成神异之物，灵而有信，"为一切之祖首，万物之父母"。道教把老子与道合而为一。《混元皇帝圣纪》中称："老子者，老君也，此即道之化身也，元气之祖宗，天地之根也。"于是老子与道便被神秘化为众生信奉的神。因此，道教也就变成了信神，崇奉老子亦即崇奉天神。修道成仙思想是道教的核心，道教的教理教义和修炼术，又是围绕这一核心展开的。

因此，道教的形成和发展，与道家老子有不解之缘。

◎为什么道教有"老君二十七戒"之教规？

"老君二十七戒"是道教戒名的一种。《云笈七签》卷三十八载：有九行二十七戒。无为，柔弱，守雌勿先动，此上最三行；忠孝、知足、推让，此下最三行。二十七戒为：勿费用精神，勿视含血之物，乐其美色，勿伤王气，勿贪宝货，勿忘道，勿妄动，勿枝形名道，勿杀生，勿贪功名，此上九戒；勿为耳目鼻所误，常当谦让，举百事详心勿惚恫，勿学邪文，勿资身好衣美食，勿求名誉，勿贪高荣强求，勿轻躁，勿盈溢，此中九戒；勿与人争，曲直得失避之，勿为诸恶，勿厌贫贱强求富贵，勿多忌讳，勿称圣人大名，勿强梁，勿祷祠鬼神，勿自是，勿乐兵，此下九戒。

◎为什么道教称得道之人为真人？

真人的来历出自《庄子·天下》："关尹、老聃乎，古人博大真人哉！"又据《淮南子·本经训》："莫生莫死，莫虚莫盈，是谓真人。"真人的等级据说在"大神之下，仙人之上"。唐以后历代帝王扶植崇信道教，宋徽宗自称道君皇帝，到处设道观，用"真人"这个称号授予某些著名道士。唐玄宗李隆基封庄子为"南华真人"，宋朝封道士张伯端为紫阳真人，元世祖封著名道士邱处机为"长春演道主教真人"等。

◎为什么女道士又称女冠？

女冠是指女道士。唐代男女道士都戴黄冠。唐王朝信奉道教，甚至多位公主都入道观，戴黄冠。许多风流名士都留连道冠。也就是说这些女冠是一批性开放的娼妓。女子本无冠，凡有冠者均为女道士。《旧唐书·则天皇后纪》"令释放在道法之上，僧尼处道士女冠之前"。《宋史·徽宗纪》："宣和元年，诏改女冠为女道，尼为女德"。也有称女道士为女黄冠者。

◎为什么说符箓咒语不能治病？

符文是一种画在纸上的象形会意的文字图形。就其物质结构（毛笔、墨锭、清水、朱砂、黄色土纸）看，毫无医疗作用。道士宣传它的治病功能，只是道教门内把它看作是人与鬼、神交际沟通的媒介，是宗教超灵感应的体现，寄托人类借助他力来战胜现实社会中邪恶、灾害的精神力量而已，所以其治不了疾病。

箓，通常指记录有诸天官曹名属佐吏的法牒，牒中有相关的符图咒语，所以又称法箓。道士们认为箓文是上天灵气衍化而成，布于笔墨，才成了龙箓章文，其作用，是道士个人修身立业，迁升道职的证书，而并不能为他人防灾除疾。

咒语，是法师口中常念的三言、四言的短语，少则数字，多则数百字。其源于先秦巫觋的"咒禁法"。佛教传入后，又受其香咒、赞谒的影响。南北朝后，咒语发展成了对神明赞颂祈诉、传令的秘语或颂词了。到了唐朝，咒语中吸收了许多方言、外来语、民俗俚语，这样的咒语怎能治病呢？

综上，符箓咒语不能治病。

◎为什么道士也做礼拜？

凡是信仰道教的人，进入宫观时向神像叩头作揖，就是礼拜。道教徒最初学习的宗教仪式就是礼拜。《要修科仪戒律钞》卷九载："入道启真，朝谒为本。登斋逊谢，礼拜为先。整肃一心，虔恭五体。从粗人妙，仰赖于斯。历下登高，必资于此。"这里强调了礼拜是入道的根本。

《周礼》载礼拜分"一曰稽首，二曰顿首，三曰空首，四曰振动，五曰吉拜，六曰凶拜，七曰奇拜，八曰褒拜。九曰肃拜"九种。对九种礼拜之解释：郑玄注为"稽首拜，头至地；顿首拜，头叩地；空首拜，头至手，所谓拜首也；振动，指两手相击之拜；吉拜，指拜后稽颡；凶拜，指稽颡而后拜；奇拜，指持节、持戟，身倚之以拜，或谓一拜也；褒拜，即再拜；肃拜，即作揖。

《要修科仪戒律钞》载：道士礼拜之仪有"一稽首，二作礼，三遵科，四心礼"。

所谓稽首是"开两手，将头首稽留至地，故云稽首。经言五体投地者，四支并头为五体也"。

所谓作礼，即拜礼。"其拜之时，或一、或三"，"一拜则表大道无二，三拜明三宝圆成"。

所谓心礼，即"升玄法师自可朝暮行心礼，不必劳形于风尘。平旦正中，日人人定，夜半鸡鸣，六时常正坐，东西南北，务在闭目叩齿，如朝法回心，随方想礼，心念口言，便足感降天真矣"。

遵科，指遵守礼拜的规定，违反条科将受处罚。

关于礼拜的规定："若于路相逢，无席得于地上行礼。地上礼时，手至地得屈指，指背着地，不使尘污掌心，名为护净四明。"

关于礼拜方向，《黄箓简文》载："礼拜时，东方九拜，东南方十二拜，南方三拜，西南方十二拜，西方七拜，西北方十二拜，北方五拜，东北方十二拜，下方十二拜，上方三十二拜，日宫三拜，月宫七拜，星宿九拜，五岳再礼。"

对不作礼拜道士的处罚，《玄都律》载："男女官不朝拜，决杖二十，罚算一纪，佩仙灵箓童子不朝拜，决杖一十，罚算百日，箓生道民不朝拜，考病一年。"

◎为什么说道教讲究"孝"？

孝，构成了中国传统文化的主干，也构成了道教道德观念的组成部分。《报父母恩重经》便可说明。《太上老君说报父母恩重经》是其代表作。经文主要讲人所禀受发肤皆因父母，父母恩重，当以孝道报之。又以对比的手法，指出孝悌者，合家安乐，神明守护，子孙相承，种种祥和；不孝则招致种种灾难。并述设斋醮拔度先祖，消灭五逆十恶罪过的诀要。此外《玄天上帝说报父母恩重经》、《太上真一报父母恩重经》、《元始洞真慈善孝子报恩成道经》等都高扬孝道，认为修孝道，便可"与道同真"。

◎为什么说道教的道场有着严格的规范与制度？

  道场，就是道士做斋醮法事。从整个过程来看，可分为音响和造型两个部分：音响部分，包括所有的音乐。在道门内，司鼓者称为知鼓，司钟道士称为知钟。要求每位参加法事的道士，必须会吟诵该法事所要奉诵的经文，熟悉经文中的咒、赞、谒的唱法以及律令、禁戒的念白。随着法事的进展，演奏出不同的道教乐曲。

  造型部分，是由道场法师们巡回、礼经、拜神等动作来完成的。在正统道教的道场中，应有一名高功大法师，历来都以本院年事较高资历较深的道长出任，另配两名都讲法师、两名监斋法师、两名侍经法师、两名侍香法师、两名侍灯法师，各司其职，各负其责。在道场上，高功大法师的行坐礼拜，均有侍经法师照顾，以示威仪。斋醮活动中，道士的巡回多放在仪式后半部，由知钟、知馨道士领先，高功大法师、都讲法师、监斋法师等随后，道徒一般不参加行列。法事结束，高功大法师、都讲法师先退席，场面则由各分管道士收拾，监斋法师实行监督。由此可见，道教的道场有着严格的规范与制度。

◎为什么道士要守庚申？

中国古代以天干、地支记录时间，干支相配，凡六十日为一轮回，其中有六个庚日，即庚午、庚辰、庚寅、庚子、庚戌、庚申。

道教认为，每当庚申日之夜晚，人体内的"三尸"神便会从身上逸出，飞升上天，去告诉天帝人在世间的功过，天帝便根据人的功过多少，而赏功罚过。人如果在庚申之夜坚守不睡，则三尸神便不能离开人体、飞升上天。所以《太上三尸中经》说："凡至庚申日，兼夜不卧守之，若晓体疲，少伏床，数觉，莫令睡熟，此尸即不得上告天帝。"此即道士庚申日守夜习俗的由来。

道士守庚申这一斋醮礼仪，后被民间百姓采用，成为一个民俗性的节日。唐时传到日本，其信奉之程度，对中国来说，有过之而无不及。

◎为什么道士非常重视守一法术？

守一法术，在道教经典中有多种解释，如将"守一"指为守天地间的大道；守人身上的部位；守持精神意志；守纯阳之气。其实就是使意念专注于身上某处，锻炼意志，收摄思维，与守静、坐忘、内观及佛教的静坐、参禅道理一样。

守一法术是道教修持诸法术中较为重要的一种。《太平经圣君秘旨》云：修此守一之法"可以度世，可以消灾，可以事君，可以不死，可以理家，可以事神明，可以不穷困，可以理病，可以长生，可以久视"。由此可见，道士又怎能不重视这守一法术呢？

◎为什么正月初七拜求顺星？

《方塑占书》云："岁后八日，初一鸡日，初二狗日，初三豕日，初四羊日，初五牛日，初六马日，初七人日，初八谷日，其日晴，所主之物育，阴则灾。".当时古人相信初七这天日晴，认为这一年将吉祥如意，百业兴旺。人们希望"人日"年年晴朗，就年年五谷丰登，大吉大利，所以每年的正月初七便成为人们拜本命，拜求顺星的日子了。

然而，北京白云观人们祭奉"本命辰星"，不仅关切初七，且还特别重初八。据说金时，金章宗的母亲瑞圣皇太后病危，曾四处求医不愈，无可奈何之时，便在正月初八这一天去祈祷丁卯元辰神，结果，疾病痊愈。于是敕建丁卯瑞圣殿，中奉丁卯辰神像，并塑造六十元辰陪祀。此后香火日盛。求元辰免灾降福的人绵绵不断。并称为"顺星"。顺星，就是不顺利的流年通过馨香祈祷，得到星辰保佑，就可变为顺利之意。经过700余年的演变，"正月初七、初八求顺星"之说，便成为民间的习俗。

◎为什么人们把五位强盗当做财神来供奉？

据说五代时有五位强盗结义为兄弟，靠抢劫发了财，后来良心发现，以未能尽孝道为憾，就找了一位贫困已极的老太太奉为母亲，事事甚孝，言听必从。于是从此弃恶扬善。这五位强盗死后，人们供奉其香火，屡显灵异。明代五道神祀中必有一老妪，就是这五个强盗的母亲。由于这五位强盗十分富有，有了钱又能做一些善事，于是被人们当做财神来供奉了。

财神在道教中地位并不显赫，其原因是没能成为道教的大神。

◎为什么人们信奉灶王?

上古时，人们将炎帝和祝融作为灶神供奉。到了汉代，祠灶成了求神仙的方术，因此灶神信仰也就成了道教的一部分，并且和古代的司命之职能合在一起了。古代传说灶神于晦日归天，言人罪过于天帝，大过夺纪，小过夺算，也就是减寿三百天或一百天。这种说法后被收入到道教的《感应篇》中，灶神也就成了居人间伺察小过以遣告天帝的神。

灶君

灶神的后代被称为灶君或灶王爷，是中国人家庭中普遍供奉的神，除每月可一祭外，最重要的就是腊月二十三灶王上天言事这一天。除有请僧道看经、备果酒送神，贴灶马、备草料等，最重要的就是弄些酒糟涂抹在灶门上，称之为醉司命，让他喝醉了，上天为家庭多说好话，来保佑一家人的平安。据此人们之所以信奉灶王，是因为灶王是家庭中的主神，要靠他带给一家人和平安宁。

· 中华文化十万个为什么 ·

◎为什么说火药是炼丹士无意发明的？

火药、造纸、印刷术、指南针是中国古代的四大发明。而火药的发明，现在一般认为与炼丹术有关，这是有一定根据的。

火药最主要的成分是作为氧化剂的硝石。秦汉时的《神农本草经》一书中已将硝石列为了上品药，而当时兴起的炼丹术对其所谓的上品药十分重视。方士们采用的上品药有丹砂、硫黄、雄黄、雌黄等。如果将硝石同硫黄、雄黄、雌黄一起烧炼，必然发生剧烈燃烧或爆炸，从而导致火药的发明。

葛洪《抱朴子·内篇》中载有一段炼制和饵服雄黄的配方和方法。其配方与黑火药配方几乎相同。在这一炼制过程中，药料成分比例和加热操作等反应条件的掌握稍有不当，即可发生爆炸现象。

唐宋两代的道教炼丹术著作中与火药配方有关的记载更不少见，如《诸家神品丹法》、《铅汞甲庚至宝集成》、《真元妙道要略》等，其中所说的"祸事"，便是剧烈的燃烧或爆炸。那么从火药发明的角度看，这种祸事越大，说明其配方比例越接近黑火药的各种药料的成分比例。

综上，可以这样说，火药是炼丹术士于无意中发明的。

◎为什么道家既炼外丹，又炼内丹？外丹、内丹如何解释？

炼丹中外丹与内丹相对应。《通幽诀》："药能固形外丹也。"炼外丹是用铅汞配制其他药物为原料，放在鼎中用火烧炼三百六十时而成丹药。初步炼成的叫"头丹"，只作"点化"用。继续再炼，便成为服食的丹药，也就是道家的所谓仙丹、金丹。这种药是有害身体的，汉代有一位皇帝因服丹而驾崩。

"内丹"是炼丹的一种，它与外丹相对应。《通幽诀》云："气能存生内丹也。"也就是将人体看作"鼎炉"，以"精"、"气"为药物，运用所谓"神"去烧炼，据说能使"精"、"气"、"神"凝结成所谓"圣胎"，也就是"内丹"。

在历史上宋代、金国的道教，有南宗北宗之分。南、北宗主张修内丹而排斥外丹。

◎为什么将八卦与九宫联系在一起？何谓八卦？何谓九宫？

八卦是《周易》中用阴（－－）、阳（—）符号组成的八种基本图形，即：乾☰、坤☷、震☳、巽☴、坎☵、离☲、艮☶、兑☱。相传八卦是伏羲氏所画。《经典释义序》："宓羲氏之王天下，仰则观于天文，俯则察于地理，观鸟兽之文与地之宜，近取诸身，远取诸物，始画八卦。"后道教经籍吸收阴阳八卦思想，以申其义，用以指导炼丹。《周易参同契》被称为丹经之王。后世炼丹家，以乾坤为鼎器，以坎离为药物，即以《周易参同契》一书为指导思想。易有综卦六十四，三百六十爻，对应炼丹时间为三百六十时辰，即以此控制炼丹火候。《道藏》一书，曾收《易》书甚多。

"九宫"是道教名词，将人脑分为九部分，即明堂宫、洞房宫、泥丸宫、流珠宫、玉帝宫、天庭宫、极真宫、玄丹宫、天皇宫。

应该注意到在道人的长袍上绘有八卦，中间是阴阳鱼，而阴阳鱼正是象征人的大脑分为两部分。因此九宫八卦互相联系。

◎为什么道家引用太极的概念？如何理解太极？

太极具体对应于数是"一"。太极是原始的"始"，是物质世界产生之始，当天地处于混沌状态时，即《老子》所说的"无名天地之始"。从事物外部来观察，将世界、天地、万物作为一个整体都包括在"一"之内。在易学上太极符号用"一"画表示。

两仪：或叫阴阳，对应于数字为二。两仪是指由原始混沌状态的世界运动分化而产生了天和地。即《老子》所说的"一生二"。两仪是指事物的两个方面，没有天也就不会有地，没有阴也就没有阳。《周易·系辞》说："一阴一阳之谓道，继之者善也，成之者性也，仁者见之谓之仁，智者见之谓之智，百姓日用而不知……"

两仪的符号用"一"（阳仪）、"--"（阴仪）表示。

"四象"：太极分化有天地，天地运行有四时，故四象可理解为春、夏、秋、冬四季。其表示符号为："="太阳、"=="太阴、"=="少阳、"=="少阴。

八卦：按一分为二，二之后为八，易学至此称八卦。

故易学上称：太极生两仪。两仪生四象，四象生八卦。

◎为什么说阴阳五行学说与道教有着密切的关系?

汉代大儒董仲舒为了适应封建统治阶级利用神权维护皇权的需要,他的宗天神学应运而生。他援引阴阳五行学说,重新解释诸家经典,建立了一套以"天人感应"为核心的神学体系,把"天"说成是有意志、有目的、能支配一切的最高主宰,具有无上的权威。认为自然界日月星辰的运行,春夏秋冬四季的更替,人类社会的治乱兴衰,吉凶祸福,都是天意支配。而帝王则是"承天意以从事"。当帝王体现了天意,积善积德,天则降符瑞承认他、嘉奖他;当帝王逆天命从事,天就降灾异警告他,让他改过;如果屡教不败,就要受到惩罚。

董仲舒在《春秋繁露》一书中,不仅以神秘的阴阳五行学说附会儒家经义,而且还创造求雨、止雨仪式,登坛祈雨作法。董仲舒对儒家经典所作的解释,把儒家六经宗教化,把孔子神化为超人的作法,得到统治阶级的赞扬和大力提倡,使得他的学说成为占统治地位的官方之学,于是整个社会都笼罩在宗教神秘主义气氛之中。

◎为什么说无极、太极在道教炼养中具有重要的指导意义?

无极、太极，原指至极无上、无以复加的本始，汉儒释为元气或太一。在道教炼养中它被解释为气功中气机运动的理论模式。道教类比天地太极，以探究人的生命本源及身心中的太极之理。张三丰《大道论》云："今专以人生言之，父母未生前一片太虚，托诸于穆，此无极时也。无极为阴静，阴静阳亦静也。父母施生之始，一片灵气投入胎中，此太极时也。太极为阳动，阳动阴亦动也。自是而阴阳相推，刚柔相摩，八卦相荡，则乾道成易，坤道成女矣。"

内丹学强调逆炼归元、复归太极之诀要，是掌握自己身心中太极所含阴阳动静之机。依太极之理，阴阳互藏、一动一静，一方动静至极，必然走向反面，静极必动、动极必静。就常人身心而言，神为阴而气为阳、神静则气必运，气运则身体康强。否则，非病即夭。故内炼诀要，唯在神静。葆真子《真诠》说："太极者阴阳五行之纲也。苟欲运吾身之阴阳者，切忌在阴阳五行上着力，须去向太极上用心，做父母未生以前功夫，则阴阳五行不求运而自运。"道教炼养学所揭示的太极神静炁运之机，是对人类气功科学的一大贡献。也由此可见无极、太极说在道教炼养中具有极为重要的指导意义。

◎为什么道教讲究天人合一论?

　　道教炼养学继承和发扬了中国古代传统的天人合一论，并以其为观察宇宙人生的基本方法。道教炼养之所以讲究天人合一，是因为想从人与自然的关系中探究生命奥秘，发现炼养成仙之道，以期在最高的层次上复归于自然。

　　道教炼养学的天人合一论，大体包括天人本来合一与返本归根两方面内容。道教认为天（大自然）与人本来合一，一不二，不能分离，故不能把人的生命现象从自然界中剥离出来单独研究，只能在人、天一体的整体关系中去把握。道教观察研究人体生命的这一根本立场，从方法论上说是高于近代科学一筹的，闪烁着东方文明特有的睿智。

◎为什么道家创导辟谷？辟谷是绝食吗？

道家的"辟谷"并非不吃不喝。"辟谷"亦称"绝谷"、"断谷"、"休粮"。这是道教的一种修炼术，即不食五谷，仍食药物，并须做一些导引工夫。《史记·留侯世家》："留侯（张良）多病，即导引不食谷。"裴骃集解："服辟谷药而静居行气。"《抱朴子·怯惑》："因走之异界深山中，又不晓采掘诸草木药可以辟谷者。"亦称绝谷。同书《至理》载："张良，逐修导引，绝谷一年，规轻举之道。"同书《道意》载："吞气断谷，可得百日以还。"同书《论仙》载："仙法欲止绝臭腥，休粮清肠。"在古汉语中，辟、断、绝、休其义相近，可以解释为"止"。

◎为什么房中术是道家保气养生之道?

房中术是古代道士养生之术，主要讲究房中节欲、养生保气之道。《汉书·艺文志》录黄帝、容成等八家，谓"乐而有节，则和平寿考；及迷者弗顾，以生疾而陨性命"。《后汉书·方术列传》载冷寿光、甘始等。张陵、张衡、张鲁之时的道教已吸收，名曰"男女合气之术"。其术葛洪《抱朴子》中曾有论述。《隋书》、《旧唐书》、《新唐书》均著录其书，宋以后失传。

◎为什么道家崇尚房中术?

所谓房中术是指古代方士、道士节欲、养生保气之术。《汉书·艺文志》录黄帝、容成等八家，谓"乐而有节，则和平寿考；及迷者弗顾，所生疾而陨性命"。事实证明，纵欲过度，不能永年。古代帝王因为荒淫无度，大多享年不长。《后汉书·方术列传》有冷寿光、甘始等倡导此术。张陵、张衡、张鲁之时的道教业已吸收，名之曰"男女合气之术"。东晋葛洪《抱朴子》曾论及房中术。《隋书》、《新唐书》、《旧唐书》等的艺文志、医方类中均著录其书，可惜宋以后失传，使后人无法知道其内容。

◎为什么近年在"气功热"中，有所谓"走火入魔"者？

气功修炼源于道家的炼内丹术。近年气功风行全国，有些炼功者，修炼方法不对路，误入歧道，想入非非，梦想成道成仙，羽化升天。产生一种幻觉，实际上是精神病的一种类型。（幻视、幻听）有跳楼而死者，有不吃不喝饿死者，有胡言乱语者，以上现象统称"走火入魔"。

事实上十亿中国人中，恐怕没有一个成仙的，没有一个长生不老者。产生此社会现象缘于愚昧。

◎为什么说道教的导引按摩术是很好的健身方法?

《庄子·刻意篇》云："吹响呼吸，吐故纳新，熊经鸟申，为寿而已矣。此导引之士，养形之人，彭祖寿考者之所好也。"这里导引的意思，是指"导气令和，引体令柔"。《灵枢经·官能篇》云："理血气而调诸逆顺，察阴阳而兼诸方，缓节柔筋而心和调者，可使导引行气。"由此可见，导引按摩历史渊源已久，并有其功效。

道教的按摩术最初是作为导引的辅助手法，它分为摩额法，即反复摩擦头额；拭目法，此为眼部导引之先例；摩鼻法，即擦鼻翼两侧；摩耳法，即用食指、中指叉耳向上耸动，或以虎口叉耳向后旋耳轮的按摩法。此外还有按摩面部、颈项、双臂、前胸、腰肌、肾脏等。这些对人的身体健康和疾病的疗治均有好处与功效。这里仅以按摩腰肌、肾脏为例。陶弘景《登真隐诀》云："手摩肾堂令热，此养生家谓之运动水土，水土即脾肾也。"这个部位是足三阳经、三阴经循行通路，经常按摩，可以调气血、聪耳目、强壮腰脊，增强肾脏功能，可以防治腰肌劳损、慢性肾炎、坐骨神经痛等，同时对男子性功能不全、女子月经不调、不孕症等，均有治疗作用。

综上，我们认为导引、按摩术是很好的健身运动。

◎为什么说道书上说人的"天年"与当今科学推算的相符？

道书上说人的"天年"有三种：

一、天年分上中下。《太平经》云："人生百二十上寿，八十中寿，六十下寿，过此皆夭折。"其意思是说，人由于遗传、体质等方面的不同，天年也便有所不同。而人的最高寿是120岁。

二、天年为100至120岁。如《养性延命录》说："人生大期，百年为限。"又引彭祖之言："人之受气，虽不知方术，但养之有理，常寿一百二十岁，不得此者，皆伤之也。"

三、天年为180岁。如元李鹏飞集《三元延寿参赞书》说："人之寿天元六十，地元六十，人元六十，共一百八十岁。"房事有节、精气不耗者能得天元之寿，起居有常者能得地元之寿，饮食有度者能得人元之寿。三方面都善摄养，方可得180岁。

如果按后二说，把人的天年定为100～180岁之间，那么道教之说，恰与当今科学界通过生长期而推算出的人的天年相符。

◎为什么苗族崇拜傩神和土地？

据说湘西和黔东北的傩神，是古老的洪水故事中苗族的兄妹两人，称为"傩公傩母"，被奉为祈福消灾、许愿求子之神。民间"傩神"有雕像，但不供奉于庙中；由巫师保存，需用时才陈设供奉。每年农历九月初九到年底这段时间苗家独家举行向傩神求告，赐福或还愿，届时请巫师作法事。

苗族崇拜土地神主要是祈求村寨吉利，不受兽害。一般的村寨都建有一个土地庙，由各家男性家长供祭，巫师不参与。但在贵州东南地区所供奉的土地神，是用三条长方形石块立于庙中作为祭祀对象，称为"地鬼"；贵州东北和湘西供奉的，则同汉族一样是土地公土地婆。

苗族一面崇拜傩公傩婆和土地神，一面还要祭恶鬼。苗族宗教中的恶鬼名称很多，每一个鬼名又包括若干成员，形成一个鬼群。

人畜生病，请巫师占卜，认为是恶鬼作祟。遇到这种情况，就要备酒肉为祭品，请巫师念咒作法，去降服恶鬼，以保人畜平安。

◎为什么土家族崇拜多神?

土家族相信世上万事万物均由神主宰,所以崇拜众神。

其一,猎神:土家族的先民善猎,秋冬出猎春季打围,称为"赶仗"。打猎归来都要祭猎神。湖南湘西等地称猎神为"梅山娘娘"、"梅山土地"、"云霄娘娘"。湖北长阳、五峰等地土家族出猎前要祭猎神张五郎,以祈出猎平安、丰收。

其二,土地神:湘、鄂、川、黔交界的土家寨,到处有土地庙。土地神各有分工,名称各异:山神土地管山坡上五谷;家先土地管家畜家禽;梅山土地管打猎和村寨不受野兽之害;此外还有冷坛土地之类。每年二月二是祭祀日,祭典结束聚餐。

其三,阿密妈妈:湘西土家妇女信奉此神。据说"阿密妈妈"是土司王家的妈妈,死后封为看护小孩的神。每年过节或初一、十五主妇都要敬拜,以祈小孩平安长大。

其四,四官神:土家族认为他是使人致富或专管六畜的神。每逢清明、端午、中秋、除夕都要祭祀。祭时口念:"仕官大神,把门将军,诚心敬奉,保佑我们,行东利东,行西利西,四方招财,五谷丰登,六畜兴旺,水草长青,养的鸡婆像草墩,养的鸡公八九斤,养的猪三百斤,种的谷子像马尾,种的玉米像棒槌。"

土家族尚有土王崇拜。他们认为土司死后均为神，为之建庙祭祀，以祈村寨平安。

◎为什么佤族猎人头血祭？

云南佤族过去在农作物种植或收获季节，有的部落猎取有世仇的村寨人头祭祀。包括猎头、接头、祭头和送头一套仪式。指挥猎头的首领由占卜产生。猎到人头后，放在人头桩上，并在人头上撒火灰，让人头血和火灰一起滴在地面，然后将血灰分给各家，播种时随种子撒向地中，认为这样办可获丰收。

在血祭中，人头虽作为祭品，但对猎获的人头怀有敬畏感，反过来又将人头作祭祀对象。祭头仪式分为家祭和集体祭两种形式。集体祭祀是以部落为单位。猎到人头后先在老寨供祭，然后分寨轮祀，最后仍送回老寨。家祭一般是在太阳偏西时举行。先由接头人从祭司家祭台上取下人头，交给两个未婚妇女抬到木鼓房。路上猎头者在前，家人随后，鸣枪击鼓。到木鼓房后，将人头置祭台上，向人头撒米，祈福。然后抬着人头绕木鼓房转九圈，边转边跳，再沿原路将人头抬回祭司家，转交另一家祭祀。

每年四五月播种前后，还要举行送头仪式。届时将人头送到村外林间人头桩上。

解放后，佤族社会在发展，这种习惯已彻底改变，现在已经用狗头来代替人头祭祀了。

◎为什么瑶族以狗为图腾？

根据瑶族民间的传说、宗教典籍、宗谱等有关记载，瑶族始祖名槃瓠，是远古高辛氏的一只龙犬。因帮助高辛氏战败犬戎，立功后得高辛氏之女为妻，生六男六女，自相婚配，繁衍后代。因此瑶族自认是龙犬子孙。

瑶族禁止杀狗吃狗肉。传说槃瓠其毛五色，所以瑶族喜穿五彩衣，无论男女，都在领边、袖口、裤沿、胸襟两侧绣上花纹图案。上衣前短后长，似狗尾。妇女发髻梳成多角形，覆上花帕，似狗耳；男子裤管两侧绣红线，象征其始祖槃瓠受伤后流下的血。有的瑶家神龛筑有狗窝，塑狗像。每年除夕和尝新节，举行祭狗仪式，在神龛前用狗食槽盛以猪肉、豆腐、米饭，祭祀后，将食物喂狗。

◎为什么彝族崇信多神?

彝族是一个崇拜众多神灵的民族，认为天、地、日、月、星辰、水、火、山、石都有神灵，都是崇拜对象，并有各种祭祀仪式。

其一，天神：据彝经记载：宇宙万物均为天神所造，为天神所主宰，所以要祭天。彝族以六月二十四日为节，十二月二十四日为年。届时搭松棚祭天。腊则杀猪，登山顶敬天神。

其二，地神：彝族认为土地乃衣食之源，自古崇拜地神。据《云南通志》记载：彝民"……耕毕，合家携酒馔郊外，祭土神后，长者盘坐，幼者跪敬酒食，一若宾客相饮者然。"云南巍山县一带的彝族，农历正月初一祭地母，以祈丰收。

其三，水神：云南景东彝族认为水神主宰田地不受水旱之灾。届时，请祭司主持仪式，在水边念经，祈祷水神供给圣洁之水，由一只带角雄绵羊把水驮回。若立夏前不下雨，村民便买鸡羊，到泉水边去祭水神。

其四，石神：弥勒县的彝族，每年十月要祭石神。他们在村边放三块巨石象征神去祭祀。昆明西山小河口村，村民以酒、茶祭石狮。峨山县彝族认为石神主生育，且保护小孩不害病，有的人家以石头作为小孩名字。

其五，山神：云南巍山县彝族在二月初八、六月二十五、腊月三十祭山神，以祈山神保佑羊牛平安，人畜不受豺狼虎豹侵害。

其六，火神：永仁彝族正月初二、初三祭火，名为"火神会"。祭祀时以松木作火把，先在家中照耀，再持火把挨户巡走，最后持火照田，祈求不遭虫灾，年岁丰收。

其七，日月星辰诸神：白彝每年冬月十九举行太阳会，祭太阳菩萨。三月十三祭月亮，谓祭太阴菩萨，行三跪九叩礼，以祈月神保佑全家平安。黑彝于正月十五还要杀猪祭星辰。

◎为什么叫凶神为太岁？

太岁乃凶神，是旧历纪年所用值岁干支的别名。如逢甲子年，甲子即为太岁。逢乙丑年，乙丑即太岁，以此类推至癸亥止。习惯上只重视岁阴（十二地支，子、丑、寅……亥），故太岁十二年一循环。地支有方位，太岁因之有方位，旧时民间很多禁忌因此而生，以太岁所在为凶方，禁忌兴土木或迁徙。

《春明梦余录》载："明洪武七年甲寅，令仲春秋上旬择日祭太岁。"

◎为什么壮族也是多神崇拜？崇拜哪些神？

壮族也是崇拜多神的民族之一。崇拜自然神、社会神、守护神……崇拜仪式因神而异。

其一，土地公：壮族把土地公看作一方之主，是司一方水旱虫灾及人畜瘟疫的神灵。因此村村有土地庙。一年一小祭，三年一大祭。开春作"春祈"，求土地公保佑一年风调雨顺，人畜平安。

其二，社公：壮族认为其是村寨的保护神。大多在村边大树下供石头数块，也有供奉石雕狗的，每年除夕祭祀。以祈村寨平安。

其三，禾神：六月六家家户户杀鸡做粑粑到田间祭"田公地母"，聚饮唱歌以祈丰收。秋收时，以猪酒供祭于村外，才能开镰收割。

其四，牛神：壮族认为牛是上天派来帮助农民种地的。每年四月初五称为牛的生日，称"牛皇诞"。这一天禁用牛干活，在牛栏烧纸祭牛神，并用有色糯米饭喂牛，灌牛以菖蒲雄黄酒。平时禁止厉声呵叱鞭打牛。

其五，花婆神：壮族认为此神是专管生育儿女的女神。壮族认为儿女是花婆院里的花朵。婴儿出生，要在床头铺上纸花，逢年过节由母亲领孩子另祭花婆，以祈孩子平安。

◎为什么《周易》中以八种基本图形作成八卦图？有何含义？

《周易》中以"--"（阴）、"—"（阳）符号组成八卦。即：乾（☰）、坤（☷）、震（☳）、巽（☴）、坎（☵）、离（☲）、艮（☶）、兑（☱）。

《易传》作者认为八卦象征天、地、雷、风、水、火、山、泽八种自然现象。其中乾、坤两卦在八卦中有特殊地位，一为天一为地。相传"八卦"是伏羲氏所创。《经典释义·序录》载："宓牺氏之王天下，仰则观于天文，俯则察于地理，观鸟兽之文与地之宜，近取诸身，远取诸物，始画八卦。"后道教经籍吸收阴阳八卦思想，以衍经义，指导修炼内外丹。

《周易》有六十四卦，三百六十爻，具有占卜功能，决断人的吉凶祸福、天灾、战乱、王朝兴衰。

◎为什么叫媒人为月下老人？

据说唐朝有个叫韦固的人，从小是孤儿。长大后，某年路过商丘，住进客店。有一天晚上，他看到一位老人在月下看书。韦固问老人看的是什么书？老人说："天下之婚牍也。"韦固问老人布袋里装的是何物？老灭说："赤绳子，以系夫妇之足，虽仇敌之家，贫贱悬隔，天涯从宦，吴楚异乡，此绳一系，终不可逭。"这就是流传千古

月下老人

的"千里姻缘一线牵"的来由。韦固问老人自己的未婚妻是谁？老人查书后说："是一个开小店的瞎老太太的小女儿，刚满三岁。"韦固一听大怒。过了十多年后，韦固当了兵，作战勇敢。刺史王泰看上了他，把女儿嫁给了他。姑娘长得很好，新婚之夜，新娘向韦固说明了自己的身世，原来新娘是刺史的养女。其生母是一个开小店的瞎老太太。韦固想起了月下老人对他说的一段话，恍然大悟，才知道这桩婚姻乃"天意"。以后夫妻恩爱，所生男女皆显达。

◎为什么厕所还有神？厕神是谁？

我国民俗宗教，其特点是"多神教"，人们崇拜的神太多。厕所虽为污秽之地，也有神。

其一，紫姑神：相传是唐代人，姓何名媚，山东人，自幼知书达礼，长大嫁给一个唱戏的。

武则天时，寿阳刺史害死了何媚的丈夫，纳她为妾。何媚年轻漂亮，刺史的夫人容不了何媚，将她"阴杀于厕中"。何媚冤魂不散，夜夜啼哭于厕所。武则天听到此事，下了一道诏书："天帝悯之，命为厕神。"

其二，坑三姑娘：南方人亦有称紫姑为"坑三姑娘"的。

厕神

"坑"指茅坑，即粪坑，属于北式，南式为马桶。《清嘉录》说："正月望夕迎紫姑，俗称坑三姑娘，问终岁之休咎。"

紫姑之类虽名厕神，但受人崇奉并非主要管厕所，而是为了断人吉凶祸福。后世十分风行"扶乩"以占吉凶。

◎为什么司人间瘟疫的神叫五瘟神？

传说隋文帝开皇十一年（591年）六月，有五个大力士出现在离地面三五丈的高空，身上披五种颜色的袍子，各人手上拿一二件东西：一个人拿着杓子和罐子，一个拿的皮袋和一柄剑，一个人拿大蒲扇，一个人拿一把锤子，一个人拿着火壶。隋文帝问太史张居仁："这都是什么神？主何祸福？"居仁回奏："这是东南西北中五方力士，在天上是五鬼，在地上是五个瘟神。管春瘟的叫张元伯，管夏瘟的叫刘元达，管秋瘟的叫赵公明，管冬瘟的叫钟仕贵，总管是史文业。"隋文帝听了不敢怠慢，就给五力士修了庙，封五力士为将军。

五瘟神的传说由来已久，相传尧帝时有五个官吏，死后变为厉鬼，做了瘟神，称五厉或五瘟神。

◎为什么我国民间还有送穷鬼的仪式？

相传高阳氏有个瘦儿子，平时喜欢喝稀粥，穿破衣裳，如果给他件新衣，他也要用火烧破了再穿。有一年正月末，这位瘦人又冷又饿，冻死在一条胡同里。后人每到这天都要带上稀粥破衣去祭祀，称为"送穷鬼"。唐代韩愈有《送穷文》，可见此风俗在唐代已盛行。

到了宋代，送穷鬼的仪式除了备些稀粥破烂之外，还要为穷鬼准备交通工具，用芭蕉叶制成船。唐代的穷鬼是一个男子，宋人又添上一女子，使穷鬼变成了夫妻二人。

◎为什么说鸡犬升天？

相传汉代淮南王刘安喜道术，有一天忽然来了八个白发老人，号称八公，要见刘安。守门人说："大王喜交结神仙，诸老若无返老还童之术，还是不见为好。"八老哈哈大笑，转眼间变成了童子。

刘安见八公非凡人，请进王府，学习八公修道炼丹之术。过了些日子，刘安服下炼成的丹药，跟八老登上一座山，大白天升天而去。刘安家剩下一些没有吃完的丹药，被鸡狗吃了，居然也升了天，成为鸡仙和犬仙。

据说五代时还有一件鸡犬升天的故事。有一个王姓老汉以种田为生，却羡慕神仙道术。有一天一个道士来访，在他家住了一个多月。不知是何原因，道士长了一身浓疮。道士对王老汉说"弄一瓮酒来，泡一泡就好。"王老汉便买下一瓮酒，道士坐在瓮中，泡了三天三夜才出来。出来时不仅浓疮不见了，而且变成一英俊少年。道士对王老汉说："喝完这些浸有浓疮的酒，便可成仙。"这时王老汉在打谷场上，全家人都喝了此酒，一会儿只觉身子飘飘然，忽然来了一阵风，一家老小连同鸡犬屋宇都搬到天上去了。后人用"一人得道，鸡犬升天"来讽刺靠裙带关系、后门升官的事。

◎为什么说钟馗能打鬼?

相传唐开元年间,玄宗带杨玉环去骊山避暑。一日昼寝,梦见一个小鬼,系紫色围裙,一只脚穿着鞋,另一只脚光着,腰间系着一只鞋,斜插一把竹扇,在偷贵妃的绣花香囊和自己的玉笛,围着寝宫在玄宗前戏耍。皇上大声喝问,小鬼说:"臣是虚耗。"皇上说:"朕从未听说虚耗之名。"皇上正呼武士,这时来了一个大鬼,头戴破帽子,身穿蓝袍,足登朝靴,径直去捉小鬼,先抠掉小鬼的眼睛,然后将他撕成两半吃掉了。皇上问大鬼:"你是何名?"大鬼说:"臣是钟馗,乃武德年间落第举子,羞于归故里,触阶而死。那时圣上传旨赐我绿袍而葬,臣感激皇恩,誓为大唐天子除去宫中虚耗妖孽。"

皇上听完钟馗的话后,醒来觉得周身舒适。召来画师吴道子按梦中所见画下来。后来民间将钟馗像贴在门上用以避邪。

◎为什么民间流传有聚宝盆之说？

相传明朝初年，有一个名叫沈万山的富人，他的财富是从聚宝盆中得来。

沈万山本来是个穷光蛋。有一天夜里，他梦见有一百多个青衣人向他求救。第二天早上出门看见一个捕鱼人挑了一百多只大青蛙，准备回家佐酒吃。沈万山想起晚上的梦，用双倍价将青蛙买下，放生在后院池塘中。

从此，这些青蛙在池中呱呱乱叫，闹得沈万山睡不好觉。想去把青蛙赶走。走近一看一大群青蛙围着一只瓦盆叫。沈万山感到奇怪，将瓦盆拿回家，准备当洗手盆用。

有一天，他妻子洗头时，不慎将银钗掉入盆中，转眼之间满盆都是银钗。若放黄金试验也是如此。从此沈家财富一天天增多，富甲一方。

这件事传到朱元璋耳中，夺走了聚宝盆，将沈万山流放岭南。

◎为什么说张羽能煮海？

相传潮州书生张羽，在海边一个名叫石佛寺的地方读书。有一天晚上他静坐弹琴，优美的琴音引来了东海龙女，两人相见后产生了爱情。临别龙女以冰蚕手帕送张羽，吩咐他来年八月中秋以此信物去龙宫求婚。

第二年的中秋之夜，张羽来到东海的沙门岛，面对茫茫大海，到哪里能找到龙宫呢？一连几天几夜张羽徘徊岛上。有一次华山仙姑从这儿经过，被张羽的一片痴情所感动，从云头落下，送给张羽三件宝贝：金钱、银锅、铁勺，叫他把金钱放在银锅里，用铁勺舀海水来煮。锅里水开了，海水也跟着沸腾；锅里的水煎下一分，海水下落十丈。仙姑走后，张羽刚煮了一会儿，海水就沸腾起来了，连龙宫也烟雾瘴天。龙王派巡海夜叉去查明原因后，被迫将龙女嫁给张羽，并派使臣迎张羽去龙宫，举行隆重的婚礼。

◎为什么民间流传有蓝桥会的故事?

古时有一个书生名叫裴航,进京去参加考试,结果名落孙山,便乘船去拜访一位老友。和裴航同船的一位夫人,天资国色,裴航很想接近她,可是隔着一层帷幔,难得见面,又不敢冒昧,就写了一首诗,托夫人的侍女代为传去。

同为胡越犹怀想,况遇天仙隔锦屏。
倘若玉京朝会去,愿随鸾鹤入青云。

过了几天夫人命侍女送来答诗如下:

一饮琼浆百感生,玄霜捣尽见云英。
蓝桥便是神仙窟,何必崎岖上玉清。

裴航接到诗札后,心里非常惭愧,不解诗中真意。想要去请教,夫人已带着侍女下船了。

又过了三年,裴航再赴京城参加考试,路过一个叫蓝桥的地方,口渴极了,就去路旁一家人家讨水喝。走进一间茅屋,一老太婆正在搓麻绳。裴航向老妇人一揖,说要讨碗水喝,老妇人叫道："云英，端一碗水来给客官喝。"裴航一听十分吃惊，忽然想起上次航中所遇夫人赠诗中提到"云英"，这是巧合吗？不一会儿只见一窈窕少女手捧瓷碗送上水来。裴航一喝感到沁人心脾，芳香四溢。

裴航对老妇人说："婆婆，我的仆人和马都饿极了，想在府上休息一夜，必以厚礼相赠。"老妇人说："随便吧！"

裴航对云英一见钟情，鼓足勇气对老妇人说："刚才我看见您家姑娘，长得非常漂亮，举世无双。我愿用厚的聘礼娶她为妻，希望老人家不要拒绝。"

老人说："我年老多病，只有一个孙女在身边侍候。昨天有位神医给我一些药，吩咐放在玉石臼里捣一百天才能服用，服下可返老还童。如果你打算娶我的孙女，你必须在一百天内带玉杵臼来做聘礼，金钱财物我不需要。"

裴航骑着快马奔赴长安，大街小巷，寻购玉石杵臼，两个月过去了，毫无结果。有一天裴航遇到一个卖玉器的老翁，有玉石杵臼出售，但是漫天要价。裴航卖掉坐骑加上身上带的钱才凑足了这个数。

裴航赶到蓝桥去见老妇人，老人高兴地说："你真是一个讲信义的君子，我答应将心爱的孙女嫁给你，但是你还要给我捣一百天药，才能讨论结婚的事。"裴航白天捣药晚间休息。有一天晚上忽然听到捣药的声音，裴航从门缝看，原来是一只玉兔为他捣药。裴航想起三年多前在船中那位夫人的赠诗中有"玄霜捣尽见云英"之句，"玄霜"是药名，捣完药就可和云英成亲了。

这样过了一百天，老妇人服完仙药，对裴航说："我应该到仙府去为裴郎准备结婚的事了。"

过了不久，门外来了马车和仆人，迎三人上车，车行甚速，一会儿腾云驾雾，来到一座豪华的别墅，只见站在门外一位风姿绰约的贵夫人在迎接。笑着对裴航说："妹夫还记得三年前同坐一条船的事吧？"裴航此时才恍然大悟，原来自己跟云英的婚姻是夫人早早安排的。

◎为什么巫山修有神女庙？

在四川的巫山十二峰对岸有一座神女庙，又名"高唐观"、"云阳台"。据庙中石刻记载：神女名瑶姬，是西王母的女儿，称云华夫人，曾帮助大禹驱妖役鬼，斩石疏流，在治水中立了大功，被封为"妙用真人"。巫山神女庙正对十二峰，而十二峰中的神女峰最为秀丽奇峭，传说仙女常在此栖息。神女庙后半山腰，有一平坦石坛，传说当年大禹在此拜谒神女，神女授以治水宝书。

神女庙香火不断，每当八月十五夜，月明如水时，秋风吹拂，隐约能听到丝竹之音，荡漾在群峰之间，一直到天明。

◎为什么民间尊陆羽为茶神？

唐朝有一位书生姓陆名羽。此人聪明俊秀，博学多才，诙谐幽默，人称东方朔。陆羽喜欢喝茶，对茶叶的栽培很有研究，并独创出一套煎茶的好方法，著有《茶经》二卷。因此后世茶商奉陆羽为茶神。

有一次湖州刺史季卿走到扬州，碰到陆羽。因久慕其名，主动和他结为好友。季卿说："陆兄精于茶道，四海闻名。扬子江上的南零水，是天下名水。请您表演一次烹茶绝技，也算我开了眼界。"陆羽叫了一名士兵，带上水瓶，驾上小船去江心取水。取来水后，陆羽摇晃几下说："江水不是南零的水。"士兵说："我从江中取到水后船摇得厉害，荡出一半，我担心水少，又在岸边添了半瓶，陆大人鉴别能力如同神仙。"

季刺史听后，惊叹不已。

◎为什么蚕神又叫青衣神?

相传古蜀王蚕丛氏,在四川做诸侯,喜欢穿青衣服,经常到各地观察,教老百姓种桑养蚕。

每年春天,他给每家每户送去一只金色的蚕,这样老百姓养的蚕就可获得丰收。乡下的百姓感激这位诸侯的恩德,在他死后修建庙宇祭祀他。这种庙遍布蜀中,供的神灵叫青衣神。

◎为什么《长恨歌》中有"在天愿作比翼鸟"之句? "比翼鸟"是什么形状?

相传古代在南方的海外,有一个结胸国。这里的人很奇特,人人胸前的骨头都凸出一大块,出门时,人未出门,凸胸先出去了。这个国家盛产"比翼鸟",形似野鸭,羽毛青中带红,每只鸟只长一只眼睛,一个翅膀,一只脚,只有一雄一雌合在一块,一同扇动翅膀,才能飞起来。这种鸟双宿双飞,形影不离,终生相伴,死一只另一只必死。于是人们将这种鸟比拟恩爱夫妻，用它的传说来表达忠贞不渝的爱情。

唐代诗人白居易在《长恨歌》中用"在天愿作比翼鸟，在地愿为连理枝"的诗句，来歌颂唐玄宗杨玉环的爱情。

◎为什么称哼哈二将为守山神？

哼哈二将是佛国的二位金刚力士，原来二位手中拿着金刚杵，是保卫佛的"执金刚"。

另一种传说出自《封神演义》，"哼将"名郑伦，原是纣王的大将，其师是度厄真人。真人授他窍中二气，鼻子一哼响若洪钟，喷出二股白光，吸人魂魄。后来归顺周武王。"哈将"名陈奇，受异人奇术，张嘴一哈，黄气喷射，散人魂魄。陈奇与降周的郑伦交战不分高下，后来被周将黄飞虎刺死。

《封神演义》影响面广，用哼哈二将取代了佛教中的二位"执金刚"。佛教中的两金刚，一左一右守卫山门两侧，人称守山门之神。

◎为什么中国民间还有后土庙？庙中供奉的是什么神？

中国最大的后土庙在山西介休县，建于北魏年间。后土庙与帝王庙规格相同，供奉四天帝之一的后土娘娘。

后土娘娘是大地的母亲，主宰大地山川。对后土的信仰源于原始宗教中对土地的崇拜，人类的衣食住行离不开大地。

据说最初的后土是男神。在中国古代阴阳哲学中，天为阳，地为阴，逐渐改后土为女神，比较合理。因为她是由初民社会所祭的地母神演化而来，地母能生殖五谷，而五谷由野生培植为人工生产，主要由母系社会中妇女所创造的。后土庙在北京、台湾等地都有修建。

◎为什么九天玄女是人面鸟身？

九天玄女又叫玄女，是古代神话传说中的女神，后为道教所信奉，成为女仙中地位最高的一位。在《诗经》中，记载着玄鸟是商代人始祖的说法。《史记》则说：殷商的祖先吃了玄鸟蛋，因孕而生。这是商族崇拜鸟图腾的反映。

这个玄鸟后来化为玄女，成为黄帝的师父。黄帝与蚩尤作战，蚩尤能呼风唤雨，黄帝不能取胜。在紧急关头，来了一位人面鸟身的仙人，说："我是九天玄女，受王母之命授你战法。"

黄帝得九天玄女传授战法后，大败蚩尤。到了宋代在《云笈七签》中，有一篇《九天玄女传》，写的是玄女骑凤凰，驾云彩，穿九色华服，是一位专门扶危济困的女神。

◎为什么说吕洞宾集文武酒色于一身？

吕洞宾

吕洞宾在八仙中影响最大。吕祖庙遍布天下，规模最大的是山西芮城的永乐宫。

吕洞宾生于晚唐，是五代时著名道士，号纯阳子。吕洞宾少读经史，几次考进士不中，遂云游天下。传说他在长安见到汉钟离，授他长生之术、金液大丹之功。又遇火龙真人，授以天遁剑法。

民间传说，吕洞宾集"剑仙"、"酒仙"、"诗仙"、"色仙"于一身，是个放浪形骸的仙人。仗剑云游，到处扶贫济弱，除暴安良。他在岳阳楼留下的仙迹最多。吕洞宾据说曾三戏白牡丹（名妓），是真是假，无法去考证。但从另一个侧面反映了这位风流仙人颇有人情味。

◎为什么张果老倒骑毛驴?

传说张果老有两个突出特点,一是老,二是倒骑驴。有人在他的画像上题了一首诗云:

> 举世多少人,无如这老汉。
> 不是倒骑驴,万事回头看。

张果老在唐初就得了长生之术,已过百岁。有一次唐玄宗请他入朝,问他多大岁数,他吹牛说:"我生尧帝时丙子岁。"从尧到玄宗时,足有3000年。张果老隐居中条山,出门常骑一头驴,总是倒骑,日行数万里。每到一地把驴像纸一样折叠起来,放在巾箱之中。

据说唐玄宗请张果老进宫费了一番周折,派使臣去

张果老

了三四次才请来。玄宗见张果老问道："先生长生不老，为何齿落发稀？"张果老说：这好办，摇身一变，青发皓齿，愈于少年。玄宗大喜赐御酒一壶，一饮而尽。张果老说：臣有一弟子酒量甚大，能饮数斗。玄宗要见见此人，张果老口中念念有词，只见从殿檐飞下一小道士，端起酒杯，一气喝完数斗。只见小道士头上冒出酒来，帽子落地，小道士变成了一只酒坛，正是集贡院盛酒的坛子。

玄宗身边有个亲信叫叶法善，此人多奇术。玄宗问张果老前生是什么人？叶道士说："臣不敢说，一说马上就得死，只有陛下免冠跣足救臣，才敢说。"玄宗点头答应。叶道士说："他是混沌初分时一只白蝙蝠精所变化。"叶道士说完七窍流血，倒地气绝。玄宗急忙走到张果老前求情。张果老说："这小子多嘴多舌，泄漏天机，应该惩罚。"说完吹了一口气，叶道士复活了。

据说张果老辞别玄宗后，到处云游，不知其行止。

◎为什么说监狱还有狱神？

中国是一个有造神传统的国家，神各种各样，品种齐全。即使监狱也有神主宰。这位狱神名叫皋陶。

在山西洪洞县监狱，死囚牢南端，有一处低矮的小门口，墙上画有一凶猛的虎头。虎头门的对面是狱神庙，在高墙的中间用石头刻一神龛，龛里刻三尊小神像，中间一老者

皋　陶

表情和善，形态端庄。两旁是小鬼，凶神恶煞，面目狰狞。过去监狱有条规矩，允许犯人每天去参拜狱神。

狱神到底是何许人氏？据说是尧帝的大臣皋陶。他制定了法典，用刑法断案，相当于最高人民法院院长。史载："皋陶造狱，法律存也。"这就说明牢狱是皋陶发明创造的。

◎为什么中国人奉管仲为妓院之神?

娼妓神管仲

据说娼妓供奉的神白眉、长髯、骑马持刀。

娼妓十分恭白眉神,"初荐枕于人,必与艾豭(公猳,指嫖客)同拜此神,然后定情,南北两京皆然也"。

最早的娼妓神,据云是春秋时的管仲。清代纪晓岚说:"娼族祀管仲,以女闾三百也。"齐桓公在宫中设市,使女子居之,招徕顾客,取悦于人。也出卖色相。故国人非之。"

明谢肇淛《五杂俎》对此说得更明白:"管子之治齐,为女闾七百,征其夜合之资,以佐军国。"应该说齐相管仲是世界上经营官妓的鼻祖。在娼妓史上,中国是比古希腊、近东各地出现官妓都要早的国家之一。礼仪之邦也有不光彩的一面。

◎为什么项橐被尊为"小儿神"？

据说古时有一位神童名叫项橐，七岁时与孔子辩论，提出问题难倒了孔夫子，使孔子心服口服。关于此事《史记》、《淮南子》均有记载。《史记》云："大项橐生七岁为孔子师。"

隋唐时期出现了《孔子项橐相问书》，记述孔子东游遇项橐，引发了一场"智斗"。孔子一口气提出四十多个问题，涉及天文、地理、自然伦理……极其广泛，项橐对答如流，非常准确，孔子连说了六个"善哉"！

接着项橐向孔子提了三个问题，孔子一个也回答不出来，只得说："后生可畏也！"

不幸的是难倒圣人的神童，年仅10岁便夭折了。项橐死后，成了"小儿神"，成为智慧的象征。秦汉时有些州立有项橐庙。

◎为什么中国各城市到处建有城隍庙?

中国城市的城隍庙,是一处文化、民俗景观。北京市在清代就有5座城隍庙。这些城隍庙里供奉的神,是城市保护之神。

"城"表示城市,"隍"指没有水的护城壕。古代称有水的城堑为"池",无水的城堑为"隍"。无论是堑是隍都是保卫城市防止敌人入侵的一种设施。管理城隍的神就是城隍爷。

各城市城隍,有名有姓,并非一人。如:会稽城隍为庞王,此人是唐初大将,守卫城市有功,死后邦人追怀他:立城隍庙祭祀。

南宁、桂林城隍是苏缄。《宋史·苏缄传》载:缄乃仁宗时进士,曾协助狄青大败伪"大南国皇帝"侬智高,立了大功。后抗击交趾入侵,身先士卒,英勇奋战,率全城军民官吏固守城池四十余天。终因寡不敌众,城破后全家自焚殉国。百姓为了纪念这位民族英雄,为之立城隍庙。杭州城隍周新是广东人,明朝永乐年间任浙江按察使。此人"廉明刚直,锄强伸枉",有"生铁冷面周公"之称。因为惩治皇帝身边的特务"锦衣卫"得罪了明成祖朱棣被杀。临刑前大呼:"生为直臣,死作直鬼"。死后百姓为他立城隍庙祭祀这位清官。总之各地城隍都有一个感人的故事,这就是中国城市特色之一。

◎为什么说孟婆是专给鬼灌迷魂汤的神?

在四川丰都,有一座建于唐代的寺庙,阴间鬼神无一不有。其中有一尊孟婆神,一手提壶,一手捧茶杯。在玉皇殿左不远处,有一孟婆亭。据说各类鬼魂在受完各种苦刑后,押送到第十殿交转轮王,准备投生。凡发往阳世间,都要到孟婆这里灌"迷魂汤",使他们忘掉前生之事。据说孟婆生于前汉,知书达礼,喜诵佛经。活到81岁,终生不嫁。死后成了冥神。阎王爷担心从阴间投生出去的人,了解前世因果、地狱的残酷黑暗,泄露机密,于是看中了孟婆,给她盖一孟婆亭,专向转世诸鬼灌迷魂汤。有趣的是,据说也有碰巧没有喝上此汤的,投生后前缘诸事还历历在目。清代有一位都指挥叫胡缙,他的妾突然得急病死了。与此同时,100里外某村庄一家生下一女孩,生下来就能说话,对人说:"我是胡指挥的二太太",人们才知道这女婴是胡缙妾托生。人称这小女孩为"前世娘"。这小孩揭露阴间如何使用酷刑,如何不人道的事,与阳世传说甚为类似。

她还说:"孟婆正要灌迷魂汤时,突然来了一只狗把孟婆的茶杯撞掉了,没有喝就混过去了。"

当然这些神乎其神的传说,实际是迷信宣传。但三国时华陀发明"麻沸汤"乃是中国最早的麻醉药，是用于外科手术前，为减少病人痛苦，保证手术顺利进行的一种辅助措施。华陀的"麻沸汤"是有史料记载的，是可信的，完全不同于孟婆的"迷魂汤"。

◎为什么说失恋者还有保护神？

在广东、福建等地，相爱的男女极想得到神明的保佑，使有情人皆成眷属。这些人除参拜观音外，还要向泗州大圣祈拜。因为此神是失恋者的保护神。

据说泗州佛是西域人，唐代来长安、洛阳等地宣教，后定居泗州。圆寂后，泗州人把这位高僧供奉于"香积寺"。

泗州大圣

有一天，有个白发老人在江上摇一只小船，船梢坐一位非常漂亮的姑娘。老人说，谁要是用银钱掷中姑娘，就把姑娘嫁给谁。岸上成群的人争着掷钱，装满了一船钱屯没有一人将钱掷中姑娘，老人用这些钱修了一座桥。

第二次有一个聪明的泗州人，偷偷躲在船舱里，转到姑娘身后，抓一大把碎银撒在姑娘头上，众人齐声喝彩。

老人不能食言，上岸去凉亭为青年人议婚。这位泗州青年往凉亭一坐下就起不来了。原来他的灵魂被观音菩萨度化到西天成佛去了，肉体留在亭中，变成了民间供奉的泗州佛。以后凡是遭受婚变的人，都去祈祷泗州佛，能使破镜重圆，断弦再续。

◎为什么说女娲是媒婆之祖？

神话传说女娲造人之前，于正月初一造鸡，初二造狗，初三造羊……初六造马。到了初七用黄土合上水，按照自己的模样捏出了一个个小人。后来感到这样干下去太慢。于是扯下一根藤条，蘸上泥浆，挥舞起来，泥浆掉在地上都变成了人。

女娲娘娘

可是怎样使人类永远生存下去？死了一批再造一批太费事。于是创建了婚姻制度，自己充当人类的第一个媒人，把女子配给男子，传宗接代，繁衍下去。所以后世奉女娲为"媒神"。

◎为什么迎娶新人要拜喜神?

所谓喜神,就是吉神。人们总是希望一生平安,能趋吉避凶,于是顺应人们的愿望,在历史的造神运动中出现了喜神。结婚是人生大喜事,少不了要拜喜神。旧时风俗,新娘坐时必须面对喜神的方位,一生才能快乐。

如何确定喜神方位,阴阳先生创造了一套规定,载入《协祀辨方·喜神》中,其中规定:

甲巳日居艮方,是在寅时。

乙庚日居乾方,是在戌时。

丙辛日居坤方,是在申时。

丁壬日居离方,是在午时。

戊癸日居巽方,是在辰时。

喜神无形象可言,谁也没有见过,就像古代人崇拜某种图腾一样,仅仅是对某种美好事物怀着憧憬,在头脑想象出一种神明。

◎为什么洞房花烛之夜还要拜床神?

祭祀床神的历史已有千年。宋朝诗人杨循吉的《除夜杂咏》诗中，有两句诗："买糖迎灶帝，酌水祀床公"。

说明民间迎完灶神之后，接着祭祀床神。看来床神地位较低，不用酒肉鱼去祭，一杯水足矣。

祭床神不但在民间流行，皇宫内也信这一套。宋人曾异著《同话录》载：翰林崔大雅在翰林院值夜班，忽然皇上降旨要他马上写一篇《祭床婆子文》。旧时有的地方有"安床"习俗，即在婚礼举行前几天，要在洞房安放新床，由男女生辰八字、神位、窗向来定床位，安床需择吉日进行，安完当晚要拜床神。

在明清时，就有新娘新郎在洞房同拜床母的习俗，在《醒世姻缘传》中有描写。其目的是希望床神保佑新婚夫妇从此如鱼似水，如糖如蜜，婚姻美满，白头偕老。

· 中华文化十万个为什么 ·

◎为什么说顺天圣母是中国最早的助产士？

古代没有专职助产士，出现接生婆是后世的事，而且并非专职。有些落后的少数民族地区，妇女不允许在家中生产，有的去山上或田间分娩，造成妇女或婴儿死亡之事甚多。

因此妇女把分娩看作过鬼门关，很自然女人祈望有一位神明保佑生产顺利，这种神也就由人而兴，由人而造，这就是顺天圣母。

这位顺天圣母还有名有姓，她叫陈进姑，生于唐大历元年（766年）正月十五，家在福州。其父陈昌官拜户部郎中。她有次给在山上修道的哥哥送饭，半路遇见一个要饭的老太婆，因出于同情把饭给老太婆吃了。这位老太太可不是凡人，是一位有道仙人，便教给进姑法术符箓，能驱使五丁。当时乡间有一条大蟒为害，吞食人畜，陈进姑利用所学法术把此害除了，进姑的名气传遍了四乡，也传到了朝廷。

有一次皇后难产，御医束手无策。进姑听到这个消息，运用法术到了后宫，帮助皇后顺利生下太子。皇上大悦，封进姑为"都天镇国显应崇福顺意夫人"。并在福建古田为进姑建生祠。于是民间纷纷在各地建庙供奉陈进姑。这件事正史并无记载，不过是民间流传已久的神话故事罢了。

◎为什么本命年还要拜神？

在中国民间有这样的习惯："本命年"到来时，去道观元辰殿或甲子殿拜"顺星"，以祈自己在"坎儿年"平安无事。元辰殿里供奉六十甲子神。

白云观的元辰殿建于800年前的金明昌年间，据说是金章宗为其母而建。为了奉祀太后的本命之神，道教提出"本命星"、"本命年"、"本命日"的理论。

祈拜本命星以求长寿，远在后汉就很盛行了。在《三国演义》中曾谈到孔明在五丈原禳星之事。诸葛亮在帐中分布七盏大灯，外布四十九盏小灯，内安本命灯一盏。孔明披发仗剑作法，踏罡步斗，若七天七夜本命灯不灭，可增寿一纪。不料大将魏延夜闯帐内报告军情，将本命灯弄灭。孔明叹道："死生有命，非人可禳也。"

这些仅仅是野史记载下来的故事，并未载入陈寿著《三国志·蜀志》。如果人的寿命通过以上方式可延长，恐怕地球上负荷太重，人口膨胀问题也就无法解决了。

◎为什么民间有祀井神的习俗?

井 神

中国的民间信仰，不受正统教派影响，大多数信仰带有原始宗教色彩，中国人的造神完全根据需要进行。吃水用水是人们生活不可缺少的，除沿河生活的人饮用河水外，大部分人饮用井水，水井造福于人类，自然就需要有一个井神了。

祀井神，为远古五祀之一。《白虎通·五祀》有云："五祀者，何谓也? 谓门、户、井、灶、中雷也。"

祭井神，一般在除夕进行。春节后第一次挑水要烧纸祭井，并需备蜜食祭祀，以祈井水清甜无毒，水源充足。娶妻生子，添了人口，还要到井台上焚金纸。

民间传说，大年三十灶神上天去汇报，井神去东海向龙王汇报用水情况。初二回来，恭候玉皇大帝检查，所以初一不能去挑水，初二大早去井上挑水，叫"抢财"。

井神一般不设庙宇，没有塑像，少数地区有设两尊石像者，并肩而坐叫"井公"、"井母"。

◎为什么说海上还有神？

传说海上的保护神叫天妃娘娘。天妃名叫林默，福建莆田湄州屿人。生于宋建隆元年（960年），只活了27岁。据说林默出生时"地变紫，有祥光异香"。5岁能诵《观音经》，11岁"能婆娑按节乐神"。林默长大后，即"通悟秘法，预知休咎；乡民以病告，辄愈"。林默最大的本事，则是对海事有非凡的"灵感"。

有一次，林默的父亲与四子乘五艘船去福州办事。林默夜问，忽手脚乱动。母亲叫醒她，问女儿是否做了恶梦。林默说："不好，爸爸他们的船在海上遇到风暴，我两手各拉住一条船，两脚各挂上一只船，嘴里叼一只船，您喊我，嘴里叼的船被风刮跑了。"说完哭了起来说："大哥的船遇难了，性命难保。"

几天后，父兄们回来，哭诉海上遇风暴的事。大哥的船沉入海底，并说风作时，一女子牵五条桅杆索而行，平安无事，突然老大的船被风刮走。

林默长大后不嫁人，据说后来成了仙。从宋代到明清传说神女林默在海上救遇难者的事非常多。林默受帝王册封达四十次之多。如："辅国护圣、护国庇民、灵惠助顺、妙灵昭应……"

其地位亦由天妃、圣妃升至天后，由民间的祭礼上升到朝廷派大臣致祭，并载入国家祀典。

◎为什么民间崇奉火神?

火的发明，具有划时代的意义，先民刀耕火种，食熟食、用火取暖、吓退猛兽全靠火的功劳。世界各国各民族都有关于火和火神的神话。

中国的火神有祝融、炎帝、回禄。此外还有一位管理火种的小火神，叫阏伯。

在河南商丘建有火神台，受祭的是阏伯。传说他是高阳氏颛顼的儿子，封于商丘，专门管理火种，称为"火伯"。阏伯死后，筑台葬于商丘。因此建有火神庙，供奉阏伯像。

民间正月初七是祭祀火神的日子，这天四方百姓来此地"朝台"，形成热闹的庙会。

◎为什么传说港澳同胞、海外侨胞也有保护神？

我国东南沿海一带老百姓普遍供奉赤松黄大仙。伴随着华侨遍及世界的足迹，黄大仙也走向海外，成为侨胞供奉的华夏名神之一。

在香港的黄大仙极受崇拜，建有黄大仙庙。以黄大仙命名的有：黄大仙区、黄大仙站……。

据说黄大仙是晋代的道士，名叫黄初平，浙江金华人。据《金华府志》载："晋，黄初平，兰溪人。牧羊遇道士，将至金华山石室中。兄初起寻之四十余年，一日逢道士，引入山相见。问羊安在？初平曰：'在山之东。'初起视之，但见白石。初平叱之，石皆成羊。初起遂绝粒，服松柏、茯苓，亦得仙。后还乡，其族尽亡，乃复去。初平别号赤松子云。"

对黄大仙信仰之盛，首推港澳。香港的黄大仙祠，香火不断。进香的信男信女，所求之事五花八门：求福、求子、求财、求良缘、求医问药……

香港经济贸易极其发达，现代化程度很高。但现代文明与鬼神迷信，是一对奇怪的双胞胎。

◎为什么财神有四位？他们是谁？

崇拜财神希望财神保佑能发大财，是旧时人们的普遍心理。

除夕之夜家家户户都要迎财神，把财神像张贴在门上。初二要祭财神，祭品有鲤鱼、羊肉……财神座下，要放一堆金光闪闪的金纸锭，以示财源滚滚，堆聚如山。

民间的财神有文武之分：文财神是比干、范蠡。比干是纣王叔父，为人忠诚耿直。纣王无道，挖出了比干的心，此事载《史记·殷本纪》。

比干死后，来到民间，广散财宝，受到人民的崇拜。

范蠡是越王勾践的大臣，帮助越王复国立了大功。后来越王日益昏庸，范蠡非常失望，据说驾扁舟泛五湖成了商人，号陶朱公。

武财神名赵公明，被道教奉为《正一玄坛赵元帅》。关于赵公明的传说，一代代演绎，神乎其神。晋干宝《搜神记》有"上帝以三将军赵公明、钟士冬各督数鬼下取人"的记载，他是作为冥神出现的。隋代赵公明又成了五位瘟神之一。在《封神演义》里，赵公明又成了道仙。他武艺高强，有黑虎、铁鞭

赵公元帅

和百发百中的海珠、缚龙索等法宝。姜尚封神时，封他为"金龙如意正一龙虎玄坛真君"。赵公明手下有招宝、纳珍、招财、利市四神。至此，赵公明才有财神样子而不是一身邪气、鬼气了。

民间供奉的另一位财神是关羽。人们认为关羽是武圣，是全能之神，保佑人发财对他来说是轻而易举的事。

以上是四位财神的传说。

◎为什么供奉财神时还要供奉他的副官？

民间供奉财神，不管是赵公元帅或是赐福的天官，还要配上利市仙官。

据说利市仙官是一位小财神，据《封神演义》的记载，他是赵公元帅的徒弟，名姚少司，姜太公封他为利市仙官。供奉他的目的是吉利，有利于做买卖。所以这位小财神特别受商人崇拜，人人都想买卖赚钱，获利几十倍。

利市仙官在宋元时代已经流行。据《虞裕谈撰》记载："江湖多祀一老，日利市婆官。"

◎为什么关羽能成为万能之神?

在中国庙宇中最多莫过于关帝庙,几乎遍及全国各个县、乡,甚至在喇嘛教一统的西藏,也有关帝庙。关公为什么从将军升为"帝君"、"大帝"的呢?应该说有其深刻的历史和社会原因的。

关羽其人陈寿著《三国志》有详细记载,他的最高衔是汉寿亭侯。因骄傲轻敌死于湖北当阳玉泉山。

关羽走运是在宋以后,宋哲宗封他为"显烈王";徽宗封他为"义勇武安王",他也没有保佑徽宗,免不了死于五国城。元代封为"显灵义勇武安英济王"。元末著名的长篇小说《三国演义》流行后,关羽名声大震,成为"古今第一将"。

明代万历年间,神宗加封关羽为"三界伏魔大帝"、"关圣帝君"。

由于帝王们的推崇,关羽地位无比显赫,充当了皇家的保护神。佛、道二教也争相把关羽拉进自己的教门,以壮声势。

◎为什么民间传说扒手也有神?

在浙江绍兴千庆寺斜对面有一座穆神庙,俗称"贼神庙"、"迁神庙"。庙里供奉的是一位贼神菩萨。

在《水浒传》里有一位偷鸡摸狗的好汉,名叫"鼓上蚤"时迁,他就是小偷们顶礼膜拜的贼神。小偷这种行当,从古就有,有的被贵族收用,盗取敌国的机密文件、行军布阵的作战计划,在政治斗争或战争中发挥了很大作用。

贼 神

战国时孟尝君所养的三千门客中,就有鸡鸣狗盗之徒,帮助他逃过了劫难。

"小偷"别名"梁上君子"。这个雅号是后汉陈寔所赠。据说有一天晚上,一个小偷溜进陈家,趴在梁上,准备等半夜人们熟睡时下手。其实早被陈寔发现,假装不知道,马上招集儿孙到堂屋训话。陈寔说:"人不可不自勉,不善之人,未必本恶,习以成性,遂至于此，梁上君子者是矣。"这位"小偷"听后，大受感动，马上从梁上下来，磕头请罪。

关于神偷之事，古代笔记小说记载甚多，最著名的是《水浒传》中的时迁。民国时，京城神偷燕子李三的传奇，脍炙人口。台湾有一个姓郑的神偷，专门盗贪官污吏，以所偷之物救济孤儿寡母和贫困人家，受到百姓拥护。后被警察打死。为了纪念这位神偷，老百姓捐款为他建了一座义偷庙，至今香火不断。

因为"贼神庙"这名字不雅，有些地方叫为"时迁庙"、"穆神庙"、"迁神庙"。

◎为什么船家还有神?

船是重要的运输工具，人们为了保证航行安全，又造了两位神，即孟公、孟婆。关于这对老夫妇怎样成为船神的，说不清楚。有一种说法非常牵强，但也是一家之言吧! "玄冥为水官，死为水神。冥、孟声相似，或云孟父孟老，因玄冥也"。

行船无不借风力，孟婆又为司风之神。船家供奉的船神两旁配上两个小木头人，即千里眼和顺风耳，希望神明保佑，眼观千里，耳灌顺风，确保平安。

◎为什么民间酿酒还要供奉酒神？

三国时曹操写了一首《短歌行》，其中有两句是："……何以解忧？惟有杜康。"诗句中的杜康是古代发明造酒技术的人。《说文》："古者少康初作箕帚、秫酒。少康，杜康也。"秫指高粱。在夏朝少康时，已经用高粱酿酒了。少康是夏启的孙子。他的父亲被寒浞所杀，他联合夏朝大臣攻杀寒浞，恢复了夏朝的统治，自己做了国王，史称"少康中兴"。

少康即杜康，他做过有虞氏庖正，并在此安家。今天的河南汝县还有个杜康村，村中曾发现一处古代造酒遗址。

其实在杜康之前历史记载有另一位造酒的人名仪狄，是夏禹时的人。《战国策·魏策二》载："昔者帝女令仪狄作酒而美，进之禹，禹饮而甘之。遂疏仪狄，绝旨酒，曰：后世必有以酒亡其国者。"夏禹不愧是明君，到纣则荒淫无道，肉林酒池，最后亡国。

酒并非一二人首先发明的，而是劳动人民长期积累摸索出一套酿酒经验，制造了美酒。

考古发现，远在新石器时代龙山文化早期，就有饮酒器具出土。人们崇拜的酒神杜康不过是酿酒高手罢了！

◎为什么太上老君兼任窑神？

　　早在原始社会，人们就会制造陶器，从考古发现可充分说明这点。仰韶文化的陶器相当发达。窑神并非一位，陕西耀州窑供奉三位窑神，"以舜为主，配享老子、雷公"。

　　老子是道教创始人，被道教奉为"太上老君"、"道德天尊"。道教讲究炼丹，与火打交道，火候必须掌握好。后人将"八卦炉"的主人李老道奉为窑神了。

　　不仅如此，打铁的铁匠、补锅匠、铸锅的匠人都将太上老君奉为祖师爷。

　　窑神庙除供奉三位主神外，还供奉山神、土地、牛马二王。没这些是烧不成砖瓦陶器的。

　　民间规定二月十五和三月初三是祭窑神的日子，又叫"闹窑神"，一连大吃大喝大闹三天。

　　旧社会窑工不但辛苦，而且没有安全保障，用窑工的话说："吃阳间的饭，干阴间的活。"

　　因此他们对窑神的膜拜是为了祈求平安。

◎为什么民间信奉门神?

在原始社会有些部族"构木为巢",称为"有巢氏"。后来又有"穴居"者。周口店北京猿人和山顶人即为穴居部族。

造屋而居是一大进步。有屋必设门窗,早在周代就有祭门神的习俗,类似祭灶神。

《礼记·祭法》载,大夫立二祀,适士(即上士)二祀,庶人(百姓)一祀,其中包括祀门。

所谓"五祀",即祭祀门、户、井、灶、土地等五神。周时"五祀"大典,十分隆重。

"祀门"是九月举行。因为此时正是秋收之后。

五谷六畜安顿好后,准备过冬,要请门神来守护。后来演变为门上挂桃人,或桃符,用来驱鬼。唐以后用贴钟馗像来代替门神。因为钟馗能啖鬼。

总之关于门神的崇拜花样翻新,有文武门神之别。武门神有荆轲、秦叔宝、尉迟恭。河南、河北一带则供奉马超、马岱、赵云……

文门神大都与升官发财有关,有的地方供奉梁颢(宋太宗时一甲一名)。

以上是民间供奉门神的沿革。

◎为什么在土木建筑行业中奉鲁班为祖师爷?

鲁班是春秋时鲁国一位著名工匠。活了67岁。鲁国人又叫他公输般、公输子。据《吕氏春秋·慎大览》载:"公输般,天下巧工也。"

《墨子·公输篇》记载了鲁班造云梯、钩强等武器。但更多的记载是发明制造民生日用之物,如铲、钻、曲尺等。

《淮南子·齐俗训》载:"鲁班,墨子,以木为鸢而飞之,三日不集。"王充《论衡·儒僧》对鲁班更说得玄乎:"世传言曰,鲁班巧,亡其母也。言巧工为母作木车马,木人御者,机关备具,载母其上,一驱不还,遂失其母。"

唐宋以来民间的行会制度比较普遍,到明代转化为行帮,每行每业都供奉祖师爷。木、瓦、石、铁行业供鲁班为祖师。北京建有鲁班庙,行会议事、订行规、工价、收徒,都在祖师殿内举行。祭祀鲁班的时间是五月初七、六月十六、六月二十四、七月七、腊月三十。鲁班是中国能工巧匠的卓越代表,是劳动人民智慧的化身。

◎为什么福神有多位?

"福"的概念,由来已久,是人们所追求的。福可释为福运、福气、运气、幸福等:

《书·洪范》作如下解释:"一曰寿,二曰富,三曰康宁,四曰攸好德,五曰考终命。"后来的福星逐渐人格化,附会为几个人。

福神阳城。汉武时为道州刺史,因抵制向皇宫进贡侏儒,救了本州百姓,被百姓奉为降福解厄的福神。

《新唐书·阳城传》:"州产侏儒,岁贡诸朝,城哀其生离,无所进。帝使求之,城奏曰:。州民尽短,若以贡,不知何者可供。'自是罢。州人感之,以阳名子。"唐代诗人据此写了一首《道州民》歌颂这位好州官。

明清时盛行供奉福、禄、寿三星,福星居中间称赐福天官,右手执如意。但不知附会何人。

福神是幸福之神,受到人民欢迎,于是在人民生活中,出现大量与福有关的辞汇。如听到好消息叫"福音";娶到一个好老婆谓有"艳福";吃到美味佳肴有"口福";长得胖有"福相"……

◎为什么人们要供奉寿星？

南极仙翁

民间见到的寿星是一个一手拄龙头拐杖，一手托仙桃的白发老人，慈眉善目，笑逐颜开，两耳垂肩，一副吉祥像。

《尔雅·释天》记载：角、亢二宿，是二十八宿中东方苍龙七宿中的头二宿。郭璞解释说："寿星，数起角亢，列宿之长，故曰寿。"

《通典·礼四》认为"寿星，盖南极老人星也，见则天下理安，故祠之，以祈福寿"。

自秦汉以来，历代皇朝把祭寿星列入国家祀典，至明代废。

另一种说法是彭祖寿八百，是独一无二的长寿老人，民间奉为寿。

◎为什么我国城乡遍布土地庙?

土地神古时称为社神，管天下山林、丘陵、高地、平原、川泽。土地神在众神中是最受百姓崇拜的一位神。这是因为人们对土地的热爱，土地生长万物，孕育了人类。

对土地神的祭祀，远在周代就开始。《诗经》上有这方面的记载。一般春、秋两季各祭祀一次，称"春社"和"秋社"。

土地神原来地位显赫，到后来，各地都修土地庙，田头树下到处可见，修起来非常简单（庙高一米左右），物以稀为贵，多了就不稀奇了。

土地庙里塑的像是一男一女，男的是一位白发慈祥的老人，称土地公；女的是一位头上挽髻的老太太，称土地婆。老百姓祭土地时，用蜡烛、酒，还要杀一只公鸡。乡民说，土地不但能保五谷丰收，还能保豺狼虎豹不入境伤人。有的乡民丢失了畜禽也去拜土地，求神明将失去的畜禽送回来。总之大事小事都去求土地神。

黄梅戏中董永和七仙女成婚时，还请土地为媒人哩!

◎为什么九天玄女帮助宋江"造反"?

在《水浒传》第四十二回中，写宋江在江州劫法场后，接老父上梁山途中被官兵发现，逃入九天玄女庙中。得玄女之助惊走宋兵，并授宋江三卷兵书。

《水浒传》第八十八回，宋江投降后，征辽时遇辽军设"太乙混天象阵"，攻打几次，损兵折将，寒夜困倦，又梦见九天玄女授以破阵之法，大败辽军。为什么九天玄女钟爱黑汉

九天玄女娘娘

宋江？到底是拥护宋江造反，还是拥护宋江投降？令人费解。

这位九天玄女到底是何来历？据《诗经·商颂·玄鸟》载："天命玄鸟，降而生商，宅殷土芒芒。古帝命武汤，正域彼四方。"这是殷商后人祭祖先时唱的歌。说明上帝命玄鸟生契，建立了商朝。因此玄鸟是商人的始祖。

在隋代有一部《黄帝问玄女兵法》的书，记载黄帝与蚩尤作战，九战皆败。黄帝见云中一人首鸟形的女人，授以破敌之法打败蚩尤。

《山海经·大荒北经》记载："有人衣青衣，名曰黄帝女魃。蚩尤作兵伐黄帝，黄帝乃令应龙攻之冀州之野。应龙蓄水。蚩尤请风伯雨师，纵大风雨。黄帝乃下天女魃，雨止，遂杀蚩尤。"

女魃是黄帝从天上请下来的，又变成了九天玄女。总之玄女之为神，玄乎其玄，可能是上古人类崇拜的一种图腾。

◎为什么说刮风由风伯掌握？

在我国古代有的民族崇拜鸟图腾，这种想象中的鸟是凤鸟，雌者为凰。"凤凰朝兮，风雨顺兮。"神鸟凤凰与风调雨顺相联系。

风来源于神鸟翅膀的鼓动，有些民族还认为风来源于山谷之洞穴。

唐宋以降，风被人格化，称为"风姨"、"方天君"，一时为男，一时为女，但影响最大，流行最广的还是风伯。其形象为：

"今俗塑风伯像，白须老翁，左手持轮，右手执扇，若扇轮状，称曰：风伯方天君。"

因为风吹坏房屋，刮坏庄稼、大树，给人类带来灾难，被看作凶神，为祈求停风，往往杀犯祭祀。

不过风也有有利的一面。《风俗通义·祀典》上说："鼓之以雷霆，润之以风雨，养成万物，有功于人，王者祀以报功也。"

也就是说人们祭祀风神，是祈求他造福于人类。

◎为什么说雨师司降雨之事?

风、云、雷、雨是先民崇拜的四神。雨对农业生产、人民生活影响最大,农业生产的丰歉在某种程度上决定于天降雨的多寡。古代将雨附会为某一星体主宰,自然雨神也就是某一星体了。《尚书·洪范》云:"星有好风,星有好雨。"蔡邕《独断》认为:"雨师神,毕星也。其象在天,能兴雨。"

《汉书·郊祀志上》载:"秦时,雍有二十八宿,风伯、雨师之属,百有余庙。"

究竟传说中的雨师是何人?《列仙传》说赤松子是神农时代司雨的仙人,据说此仙能变化成一条赤龙,主行霖雨。雨师、电母、风伯、雷公密切配合,所以四位神同在一个庙里合祀。

另一种说法是:雨师是陈天君,雷公江天君,电母秀天君,风伯方天君。人们给这四位仙人贯上了姓,名曰"天君",明显是道教对神仙的一种尊称。

◎为什么说雷公和电母是一对夫妻神？

古代雷神形象凶恶无比，很难说是男是女，随着社会的发展，雷神逐渐人化变为雷公。有公必有母，且雷与电互相配合，下雨之前先见电光，后闻雷声。人们将雷公电母配成一对夫妻。

元杂剧《柳毅传书》第二折，就有雷公、电母出场，并以夫妻形式出现。泾河龙王上场台词云："今有钱塘火龙与俺小龙斗胜，未知胜负，我使雷公电母看去了，这早晚敢来报捷也。"

然后看到一两手持镜的旦角出场云："这一场厮杀非同小可也。"手持镜代表闪电的光，电母是作为雷公的助手出现在舞台上。

明代余象斗《北游记》给电母命名为朱佩娘，雷神击人，电母先放电光照照被击者，让其死得明白。

中国人在造神运动中，想象力极为丰富，颇具幽默感。什么时候诸神能走下神坛，我们这个民族也停止有形或无形的造神运动，这个伟大的民族也就可以自立于世界文明民族之林了。

◎为什么北方真武大帝身旁要配金童玉女?

根据道教的传说,神仙所住洞天福地,都配有童男童女侍候。据《真武本传妙经》载:金童玉女是分掌威仪,书记三界中善恶的小神,在南方称周公、桃花。

金童、玉女在宋元戏剧中大量出现,南戏有《金童玉女传》,元代有《铁拐李度金童玉女》杂剧。戏中说王母娘娘举行蟠桃会,两位小神仙突然思凡,被发配人间,成为夫妇。

关于金童玉女的传说,散见于小说《西游记》及《桃花女嫁周公》、《智赚桃花女》、《桃花女阴阳斗传》、《桃花女》等杂剧中。

总之一个神的出现,人们总要添枝加叶,使它曲折离奇,才能吸引人,流传的时间才能更长。

◎为什么传说中的阎王殿有牛头和马面？它们各司何职？

牛头　马面　鬼卒

在中国迷信中的阎罗殿有狱卒。据《五苦章句经》载："狱卒名阿傍。人手牛头，脚为牛蹄，大壮排山，持钢钗。"

另据《铁城泥犁经》载：牛头"于世界为人时，不孝父母"，死后为鬼卒，牛头人身。其职责是搜捕在逃的罪人。

马面是恶鬼之一，称马头罗刹，马头人身，与牛头是一对。据《楞严经》载："亡者神识，见大铁城，火蛇火狗。虎狼狮子、牛头狱卒。马头罗刹，手执抢矛，驱入城内，向无间狱。"

民间的说法牛头、马面是阎罗殿判官的两个爪牙。这两个鬼出自佛经，但被道教吸收。偶尔可在道观中见到对两鬼的供奉。

◎为什么民间传说的判官铁面无私？判官的职责是什么？

在迷信的传说中，判官是阎王爷的主要帮手。据说有四位判官各司其职：掌刑判官、掌善判官、掌恶判官、掌生死判官，其中掌生死判官是首席判官。

据《西游记》、《列仙全传》等书说法，掌生死的判官名叫崔珏。相传此人为唐代滏阳令，为官公正清廉，死后为神。

《宋人轶事汇编》载："康王质于金，遣还。奔窜疲困，假寐于崔府君庙，梦神人曰：'金人追及，速去，已备马于门首。'康王跃马南驰。既渡河，马不复动，视之则泥马也。"

《说岳全传》第二十回也有描述，即所谓"泥马渡康王"。赵构南渡后，建都临安，为崔府君立庙。

在《西游记》中，有崔府君私改生死簿，为唐太宗添寿二十四年之事。看来这位判官并非公正无私，颇能拍马屁。

《三宝太监西洋记》中描述的崔判官是个霸占美女的好色之徒，后被五个小鬼打得鼻青脸肿。民间还有把钟馗看成判官的。这位判官则是一身正气，铲除奸恶的清官。

判官的典型形象是：戴乌纱帽，穿官服，束犀角腰带，大胡子，一手拿生死簿，一手拿笔。

◎为什么说"千里眼"和"顺风耳"也是神?

所谓"千里眼"是指眼睛能看见千里外之物。"顺风耳"是指耳能听千里外的声音。在现实生活中不借助于仪器是办不到的。古人善于想象,演绎出了两个故事。

相传有一妇女生了十个儿子,他们各有所长,名字叫顺风耳、千里眼、大力士、钢头、铁骨、长腿、大头、大足、大嘴、大眼。有一天兄弟几个在田间劳动,顺风耳忽然听到哭声,忙叫千里眼嘹望,才知道是修万里长城的民工,不堪饥饿劳苦的痛哭声。大力士很有同情心,自告奋勇去代役,好让民工得到休息。秦始皇听到这件事后,怕十兄弟作乱,想要杀害他。于是钢头前去替代,刀砍不入。

这个故事在元代《南游记》里,把"千里眼"、"顺风耳"写成两个小神,并附会其名为师旷、离娄,并称为"聪明大王"。

师旷是一位双目失明的晋国乐师。离娄是黄帝时人,明察秋毫。师旷虽失明,但听力惊人,于是根据俩人的长处,衍化成"千里眼"和"顺风耳"两神。

这两位小神还被道教拉去当了护卫神,供奉于天后宫前殿。

◎为什么说想升官要供禄神?

在民间演戏开场有一出"跳加官",一位独角演员穿红袍,不唱不说,手持"加官进禄"、"加官进爵"之类红纸金字,或红绸黑纸条,面带笑容作赠送观众之态。

《史记·天官书》云:"文昌宫……六曰司禄。"说的是文昌宫的第六星是专掌司禄的禄星。以后人们由对星辰崇拜而逐渐人神化,同福星、寿星一样,也赋予人格。

功名利禄是旧时士人所追求的,统治阶级也用此为诱饵来笼络士人。在旧社会,有了官就有权,利用权力才能搜刮民脂民膏。

供奉禄神在民间甚为流行,一般是"福、禄、寿"三星同时供。

◎为什么说财神有五路？

中国民间传说的财神有五路，这五路是：赵公元帅、招宝、纳珍、招财、利市五神。

《封神榜》上姜尚封赵公明为正一玄坛真君，率领四路财神分别为：

招宝天尊萧升，纳珍天尊曹宝。

招财使者陈九公，利市仙官姚少司。

民间以正月初五祀五路神，俗称"五祀"，与祀五道财神又有区别。所谓"五祀"是指祭户神、灶神、土神、门神、行神。

过去农村所供奉的五路神是指与人们生产生活有密切关系的五位俗神：土地、牛马王爷、仙姑、财神、灶神。

供奉这五路神反映了百姓祈求丰衣足食，阖家平安的愿望。

◎为什么传说寿星中还有一位女子？

在民间传说的寿星是彭祖，这位老人活了八百岁。另一位家喻户晓的寿星是南极仙翁。

葛洪在《神仙传》中介绍了一位女寿星名叫麻姑。麻姑仙女非常漂亮，"顶上作髻，余发散垂至腰"。穿的衣服光彩夺目，遗恨的是手爪似鸟。

关于麻姑的身世，众说纷纭，莫衷一是。《太平清话》说麻姑"唐放出宫人也"，姓黎名琼仙。《列仙传》说是宋代政和年间人，修道于江西麻姑山。唐代著名书法家颜鲁公（真卿）当抚州刺史时写过《麻姑仙坛记》的碑，至今为习书的人临摹。

各种说法不相同，应该以葛洪著《神仙传》为最早。据说王母娘娘寿辰，举行蟠桃会，各路神仙纷纷送寿礼，麻姑送的礼品是用灵芝酿的酒。这就是有关麻姑献寿的来历。

民间一般为男人做寿赠南极仙翁像，给妇女做寿送麻姑像。

◎为什么说南斗也是神？他司何职？

古人对日月星辰的崇拜由来已久，远在秦代已建有南斗庙。

南斗不是一颗星，包括六颗星。夏日晚上可以看到南斗六星像一把椅子与北斗七星遥遥相望对。《星经》说："南斗六星，主天子寿命，亦宰相爵禄'之位'。"以后南斗被形象化了，一般说法是"南斗注生，北斗注死"。在《三国演义》中有一段故事说管辂泄露天机，告诉一个19岁的青年不能永年，教给他办法找南斗星寿星添寿的事。

某日两位老人在山上下棋，一人坐在南面，一人坐在北面，全神贯注，这位青年预先已备好酒和鹿肉，两位老人边吃，边喝，边下棋，小伙子源源不断地斟酒。下完棋见一少年跪在地下，十分虔诚。南斗问明原因后，打开生死簿，将小伙子19岁寿改为90岁。看来吃人家的嘴软，拿人家的手短，仙人也走后门。

◎为什么说魁星主文运？

魁与奎为谐音，奎星也就变为魁星了。顾亭林《日知录》云："今人所奉魁星，不知始自何年，以奎为文章之府，故应庙祀之。乃不能像奎，而改奎为魁。又不能像魁，而取之字形，为鬼举足而取其斗。"

魁　星

在东汉时，已有"奎主文章"的说法；在科举制的时代，进士及第一甲第一名为状元，又称"魁甲"、夺魁、独占魁头。

在封建社会举子们信仰魁星就像崇拜文昌帝君一样，认为魁星能掌文人功名成败。

宋代周密在《癸辛杂记》中记载宋代考中状元的人，"送镀金魁星盘一幅"。

古人中有识之士不相信这些迷信，清李调元所说的一段话，值得思考。"所谓魁星踢斗者，不过藏一魁字，以为得魁之兆耳。抑有见魁星之象而得高科者，梦魁星之降而夺锦标者，岂天上真有蓝面赤发之精而为文星哉！……则魁星不足尽信矣！"

在昆明西山的龙门，殿内正中雕有魁星神像，约三尺多高，两边是文昌帝君、关帝像，栩栩如生，是一件精美的艺术杰作。

◎为什么在一些道观的山门左右各塑青龙、白虎像？

道观门前左立青龙右立白虎，类似佛教山门立哼哈二将一样，都是山门保护之神。

青龙叫孟章神君，白虎叫监兵神君。青龙、白虎源于古代人类对星辰的崇拜。青龙、白虎、朱雀、玄武为四方之神。古时作战在军旗上分别画（绣）此四神，作为保护神。

《礼记·曲礼》对四神的作用，有如下描述："如鸟之翔，如龟蛇之毒，龙腾虎奋，无能敌此四物"。

在湖南岳阳的老子祠内，门前有青龙、白虎两神威风凛凛立于左右，为太上老君当站岗的武士。

两位神的塑像最威武的要数武当山的紫霄宫。像有丈余高，披铠甲，执兵器，据说是元代杰出雕塑家刘元的得意之作。

◎为什么儒生刘海也能成仙?

传说刘海名叫刘玄英，道号海蟾子，是五代时的一位道士。此人绝顶聪明，16岁考上进士，50岁当丞相，一生爱黄老之术。有一天突然有一位老道来拜访他，两人谈老庄之说，非常投缘。道人向刘海要十个鸡蛋，十枚铜币。将铜钱放在桌子上，将鸡蛋垒起来，像个宝塔。刘海说这样垒太危险，鸡蛋一滚，全都打碎。道人

刘海洒钱

说："当高官，食俸禄，仕途多蹇，弄不好玉石俱焚，比这更危险。"

说完道人将十枚铜钱掰成二十片，撒在地上走了。

从此刘海大彻大悟，辞官入山修道，成了正果，列入仙籍。关于神仙的传说，多不胜数，究竟谁真正见到过神仙呢？不过是人们想入非非而已。

◎为什么称吕纯阳为色仙?

好色不应该是神仙的事，凡人好色也不雅，可是吕洞宾却有花花神仙之称。连他的师父也批评他："饮酒恋花，二者并用，铁拐诸友笑汝为仙家酒色之徒，非虚语也。"据说王母娘娘做寿，禁止吕洞宾参加，怕他利用这种场合勾引仙女，惹大乱子。在《吕纯阳祖师全传》中记叙了吕洞宾在衮州、广陵、东都等地嫖娼的事。

在《东游记》中有吕洞宾嫖洛阳第一名妓白牡丹一事，故事离奇曲折，最后被嫖的白牡丹得道成仙，而吕洞宾的玩女人反而披上了"采阴补阳"的合法外衣。直到今天一些落后地区，反动会道门以此骗奸妇女之事时见报端，可见其流毒时间之长。

◎为什么说用天干地支组合成的六甲、六丁也是神?

六甲六丁,包括十二位神。六甲是:甲子、甲戌、甲申、甲午、甲辰。甲寅。六丁是:丁卯、丁巳、丁未、丁酉、丁亥、丁丑。本来这些都是年号。道书上说,六丁、六甲神"能行风雷,制鬼神"。在《三才图会》和《老君六甲符图》两书中,给六甲、六丁起了名字,他们是:

甲子神将王文卿,甲戌神将展子江。
甲申神将扈文长,甲午神将韦玉卿。
甲辰神将孟非卿,甲寅神将明文章。
丁卯神将司马卿,丁丑神将赵子任。
丁亥神将张文通,丁酉神将臧文公。
丁未神将石叔通,丁巳神将崔石卿。

在《三国演义》第一〇一回写的是孔明与司马懿在陇上相持,孔明装神迷惑魏军的事。司马懿多次被孔明算计,特别小心,对众军说"孔明善会奇门遁甲,能驱六丁六甲之神。此乃六甲天书内缩地之法也。众军不可追之"。结果被孔明略施小技，溜之乎也。

"六甲法"到底能解决什么问题呢？据说北宋靖康元年，金军围汴梁。当时守军太少，形势紧张。有一位军事长官叫孙溥给钦宗出了一个馊主意，命一个叫郭京的士兵行"六甲神兵"，结果此法不灵，被金人端了老窝。"六甲法"促使了北宋王朝的覆灭。

◎为什么八仙还有上中下之分？他们都是谁？

佛教有十八罗汉，新都宝光寺有五百罗汉，十八罗汉已经不少，增加到五百，队伍就更庞大了。中国人爱热闹。八仙出现后，好事者又给他（她）们作上中下之分，看来也许有人还要给八仙的武功分段（像围棋分段一样）。元代上八仙指李铁拐、吕纯阳这组八仙，到了清代，不知是谁将李铁拐等八仙降了级为中八仙。下八仙是：王乔、陈戚子、徐神翁、刘伶、陈希夷、毕卓、任风子、刘海蟾。这是一群乌合之众，刘伶是一个酒鬼，任风子是一个杀猪的，陈希夷是一个老道。

究竟上八仙是谁呢？他们是：福、禄、寿三星、张仙、东方朔、陈希夷、彭祖、骊山老母。看了以上名单，乱七八杂，胡拼乱凑，有的仙身兼上中两品。

◎为什么说北京的三元里与三元大帝有一定联系？

北京的地名有"三元里"、"三元街"、"三官胡同"等。这些地名与三元大帝究竟有何关系？以上地名都是因三元宫、三官庙而得名。"三官庙"供奉的是哪三官呢？"三官"指的是天官、地官、水官。这三官各有所长：天官赐福，地官赦罪，水官解厄。

据说三官是周幽王时的三位谏官：唐宏、葛雍、周武。另一种说法是龙王爷有三位如花似玉的公主，同时爱上书生周子梼。三姊妹同时嫁给了这位书生，并各生一男孩，长大后封为三官大帝。

三官中以天官最受人们崇拜，因为他能赐福。在年画中天官身穿大红袍，腰缠玉带，手持如意，慈眉善目，笑容可掬。

天官有时与禄星、寿星出现在同一张红纸上，过春节时老百姓挂在中堂。

◎为什么民间牵强附会说和合二仙是中国的爱神？

和合二仙

唐代有一位高僧在苏州寒山寺当方丈，他有一位好友名叫拾得也是这个庙里的和尚。死后这两位僧人修成正果成了仙，人们称他们为和合二仙。

寒山、拾得是诗友，俩人吟唱诗编为《寒山子诗集》，共收入诗300余首。他们的诗针砭时弊，反映现实，浅显易懂，被誉为中国文学史上有重要地位的白话诗，并流传国外。

寒山、拾得死后1000余年，清朝雍正皇帝正式封他们为"和圣"、"合圣"。

二仙手持"盒"与"荷"，与"和"、"合"为谐音。"和合"又有同心和睦的意义，于是附会为喜神。据《周礼·地官·媒氏》疏云："使媒求妇，和合二姓。"这样和合二仙从理论上奠定了地位，成为中国民俗中的喜神（爱神）了。

◎为什么黑白无常哥俩变成了"勾魂鬼"?

在明清笔记小说中记载了不少关于黑白无常的传说。迷信说法无常是阎王爷专门派出勾摄生魂的。无常形象可怕，素衣高帽，散发披肩，舌头伸在外面，谁要是见到无常，就离死不远了。

黑白无常

在四川丰都有座"无常殿"，颇具规模。在各地的城隍庙里都奉供无常，他们手持铁索，凶相毕露，阴森恐怖。

在南方有些地区，民间父母恐其子女不永年，便去庙里，带上供品、银锭、纸钱拜无常为干爷爷，求无常保佑。当然无常的干孙子孙女，大鬼小鬼奈何不了，可以长寿，无病。

每年的七月是无常的生日，父母要带着孩子给无常爷爷拜寿，一直到小孩长到16岁时才算结束。

◎为什么说管理昆虫还有神?

在旧社会全国很多地方有八蜡庙、虫王庙,两者是一回事,庙里供奉的是刘猛将军。所谓八蜡是周代每年农事结束后,即十二月举行的祭祀名称。

八蜡之神说法不一,但其作用是驱虫害,抗灾御患之神。

其一:洪迈《夷坚志》载:绍兴二十六年,金朝安徽、江苏一带即将秋收。忽然蝗虫大起,未几,有一种叫鹭的水鸟,成千上万,啄食蝗虫。不过十天,"蝗无子遗,岁以大熟"。朝廷闻此事,封鹭为"护国大将军"。

其二:袁枚《新齐谐·鬼多变苍蝇》一书中云:"虫鱼皆八蜡神所管,只须向刘猛将军处烧香求祷,便可无恙。"

关于刘猛将军是何人,说法有很多:

刘锐:相传为宋抗金名将刘锜之弟,死后为神,驱蝗江淮间有功。

刘韐:钦宗时以资政殿学士使金,坚贞不屈,不辱使命,自缢而亡,死后为神。

刘锜:抗金名将,顺昌之役使金人丧胆,死后享祀。山东、河北一带多蝗害,据说只要祷于将军,可免灾。

刘宰:光宗时人。《柳南随笔》载:"俗传死而为神,职

虫王图

掌蝗殁，呼为猛将。"

刘承忠：为元末指挥使。《铸鼎余闻》云："江淮蝗旱，督兵捕蝗尽死。"后因元亡，自沉于江，士人祠祀之。

为什么驱蝗之神都为刘姓？令人费解。是否因刘与硫谐音，蝗与磺为谐音，硫磺为易燃之物，可烧死蝗虫呢？

蝗虫为害农作物，铺天盖日，所以要猛将去驱蝗才能发挥作用。

◎为什么中国关帝庙最多？

据《京师乾隆地图》记载，北京城的关帝庙多达116座。如果再加上郊区、县关帝庙当超过200座。关帝庙为什么如此多？一定有它的社会历史原因。

陈寿著《三国志》对关羽生平有详细记载。罗贯中著《三国演义》对关羽的褒誉有些神化，成为威镇华夏，无往不胜的大将。刘备派关羽守荆州，由于他骄傲轻敌，兵败被杀。当地人在湖北当阳玉泉山立祠祭祀。

关羽从宋以后声望才青云直上，宋哲宗封他为显烈王，徽宗封他为"义勇武安王"。

到了明代万历年间，明神宗加封关羽为"协天护国忠义帝"、"三界伏魔大帝"、"神威远镇天尊关圣帝君"。

清顺治皇帝对关公的封号竟长达26字。帝王的推崇，关羽的地位更为显赫，成为武圣人。不仅成为民间供奉的神，而且成为享受国家最高祭典的神明。佛教、道教也相继供奉，以壮门面。

◎为什么说月下老人是爱神？

民间传说月下老人是专门管男女婚姻的神。人们一般称媒人为月老。

唐朝有一个叫韦固的秀才，有一年外出住在一个客店。晚上踏着月光去郊外散步，看见一个白发老人在翻书。韦固上前问老人所翻何书？老人说："婚姻簿。"又问："老人家袋装何物？"老人说："红线绳，用来系在男女双方脚脖上，不论天南地北，不论贫贱悬殊，一定能结为夫妻。"韦固问自己将来的妻子是谁？老人说："是前村瞎婆婆的幼女，现在3岁，17岁入你家的门。"

韦固听了很生气，也没有当回事去考虑。后来韦固当了相州参军，刺史王泰看上了韦固的才能，将女儿许配韦固。这位姑娘天资国色，新婚之夜，新娘说明了自己的身世。原来是父亲死后，瞎妈妈相继而亡，孑然一身，被王泰收养为于女儿。

韦固听了大吃一惊，想起了十多年前月下遇到一位老人所言自己婚姻之事，十分灵验。

自此夫妻更加恩爱，白头偕老。这段错综复杂的民间传说，影响深远，人们习惯称媒人为月老。

◎为什么北京城建有许多马神庙?

先民对动物奉为神明崇拜，是一种普遍现象。费尔巴哈说过："人之所以为人，要依靠动物；而人的生命和存在所依靠的东西，对于人来说就是神。"在《山海经》里，神灵常常描绘成"人面马身"、"马身人面"、"马身龙首"等。

在周代官方就规定四时祭祀马神的制度。"以四时祭马祖、先牧、马社、马步诸神。"春天祭马祖。夏天祭先牧神。先牧神是"始教人以放牧者也"。秋天祭马社神。"皂厩所在，必有神焉。"另一种说法，马社神是"始乘马者"。冬天祭马步神。冬天，"马方在厩，必存其神，使不为灾"。

隋、唐、宋诸代有官方祭祀马神的习俗。明朝朱元璋将祭祀马祖的事交太仆寺去办。明成祖朱棣迁都北京后，命令建马神庙，由官方主持祭祀。

清代祭马神之俗更为盛行。因为满族是一个善骑猎的民族。规定六月二十三为祭祀日，以羊为祭品。

◎为什么白莲教在封建社会被朝廷禁止？

白莲教创于南宋绍兴年间（1131—1162年）。其创始人为昆山僧人慈昭，它是在流行的净土结社的基础上创建的新教门。

早期的白莲教也崇奉释迦牟尼佛，并要求教徒念佛持戒：不杀生、不偷盗、不邪淫、不喝酒、不妄语。由于白莲教教义通俗，传播范围很广。

明初朝廷严禁白莲教。因洪武、永乐年间，川、鄂、赣、鲁诸地多次发生白莲教暴动，有的还称帝。白莲教派系众多，教徒大都来自社会下层劳动群众。各教派内部纪律严明，实行家长式统治，尊卑有序，等级森严。

满清入主中原后，白莲教教派林立，乾、嘉间达到鼎盛，他们和清政府处于敌对状态。

乾隆三十九年爆发了由王伦领导的起义，嘉庆元年（1796年）白莲教的起义波及鄂、豫、川、陕、甘五省。这些武装起义，沉重地打击了清王朝的统治者。就白莲教教义而言，并不包含反封建内容。中华人民共和国成立后，白莲教作为反动会道门被取缔。

◎为什么说八卦教与道教毫无关系？

八卦教是清代白莲教的一个分支，后改为天理教。八卦名称出自《周易》。虽然道教道袍上也绣有八卦图，中间是阴阳鱼，但和八卦教是两回事。

明万历年间河北滦县王森创东大乘教。该教的《古佛天真考证龙华宝经》、《销释接续莲宗宝卷》称其教按九宫八卦分为三宗五派九杆十八枝。教主掌握中央戊、己两宫。其他各宫由八位弟子分掌。各宫按方位到各地收徒。以后有的改教名为金丹八卦教。

嘉庆二年（1797年）张子恩胜和董太到密云传教，被官府杀害。以后董子怀信和余旺玉接灯，于嘉庆十七年又遭杀害，但八卦教的活动并未停止。

嘉庆十八年（1813）林清、李文成利用八卦教组织起义。以后的捻军、义和团均以八卦编制队伍。但他们之间并不存在师承关系。

◎为什么说无为教和道教并无关系？

　　无为教是明清时期白莲教的一个最大分支。又称罗祖教、罗道教、罗教。创始人是山东即墨罗清。罗清生于明正统八年（1443年），卒于嘉靖六年（1527年）。幼年失怙，青年从军，一说为漕运帮弁，一说为宫廷锦衣卫（特务）。他自幼好佛、道。遍读佛道经籍。曾被捕下狱，在狱中写了"五部经"。正德皇帝看了非常高兴，封为"无为宗师"，命礼印，颁布天下。

　　明代是禁止白莲教的，但罗清的五部著作受到皇帝赏识是因为书中大量引用佛、道经籍，并诋毁白莲教，以迎合统治者心理，故得流行。

　　清末众多民间宗教，大多为无为教支派，并将罗清奉为祖师。据说理发业、青帮亦以罗清为祖师爷。

◎为什么白族崇奉本主?

中国白族主要分布在云南，贵州、湖南等省也有散居者。

本主是白族的最高神，尊为天神、圣母、龙王、皇帝、帝母、太子、夫人和老爷等，并为这些神建庙宇，塑像。在白族同胞心目中本主是能庇护百姓的万能之神。

本主又有分工：分为自然神，部落神，英雄神三类。自然神管农业生产，有驱雾神、龙王、龙母等。英雄神，为民除害同蟒蛇作斗争。在白族民间流行许多英雄神和蟒蛇作斗争的故事。

部落神则是各地供奉的十八堂本主七十二景帝等。

迎本主是白族最隆重的祭祀仪式。一般在春节举行，各村庄在农历十二月就要进行推举主祭人、成立祭祀机构、配备工作人员等准备工作。

农历除夕由主持人举行启神仪式，将本主塑像从神龛中取出放供台上供祭。正月初一迎主神回村，庆祝历时三天。

农业祭祀是白族的主要宗教活动，祭仪有：其一，祭山神：祈求神保佑五谷丰登，牲畜平安。祭祀时间为五月初一到初十。

其二，动土祭：亦称开社祭，祭毕挥锄动土，表示农耕开始。

其三，龙祭：白族认为降雨与龙有关，祭龙是祈祷风调雨顺。祭祀时间为农历八月八。

其四，青苗祭：时间在六月六日，各村在五谷庙祭青苗太子，保佑青苗长的旺盛，不受虫害。

其五，祭牛王：农历十月十一，各村杀猪宰鸡在庙内举行祭牛王仪式，并在牛栏上插松树枝和白花，感谢牛为主人耕作。

白族的祭祀活动甚多，信奉众神，这充分反映劳动人民祈求美好生活的一种精神寄托。

◎为什么说黎族是一个多神崇拜的民族?

黎族大多居住海南,其宗教信仰受汉族影响,但也有本民族固有的宗教。黎族是一个以鬼神崇拜为主的民族,而对鬼神的敬畏种类繁多。

其一,山鬼:黎族同胞认为山上的走兽飞禽都由山鬼管辖,猎人只有得到山鬼的允许和在首领的带领下,才能上山狩猎。他们选举首领要当众占卜,出猎前也要占卜吉凶。捕到猎物后要举行祭山鬼的仪式。

每年正月选地种植时,也要到山林中举行祭山鬼的仪式。一旦选定耕地,烧山前夕,还要请山鬼保护风向,并用破布树枝稻草扎成草人,作为山鬼的化身。

其二,地鬼:黎族崇奉山鬼是求地鬼保佑五谷丰收。开犁前夫妇要沐浴更衣,黄昏时静坐念咒。要防止鸡犬叫,怕惊动地鬼。插秧前和秋收时要用饭团去田头祭地鬼。

其三,灶鬼:黎族崇拜火,家家户户祀灶,禁止人跨越,否则认为触犯灶神,要降灾难。

其四,雷公鬼:认为风、雨、雷、电均受雷公驱使,故普遍敬畏雷公鬼、太阳鬼、风鬼等。假如得了病则需杀猪设祭,请巫师做法事。

除此之外黎族还有对动植物的崇拜，如崇拜牛和青蛙。农历八月三日禁止宰牛。

◎为什么高山族崇信灵魂之说？

高山族散居台湾各地，他们认为生物均有灵魂。人的灵魂分为生灵和死灵。生灵附于人体，死灵又有善恶之分。人们认为生前行善积德的人死后可以入天府，称为善灵。死于非命者，其灵魂无依无托，到处游荡，危害活人，称为恶灵。

阿美人则认为人体有魂和魄，人死后魂升天，魄随泥土消失。

除灵魂外，高山族还将神：分为善恶两种。善神受人们祭祀、祈祷，如山川、天地之神等。恶神是人们诅咒的对象。

高山族有专门为人念咒祈祷，驱除恶鬼的巫师，一般女巫多于男巫。巫师必经培训取得资格后才能从事工作。巫师享有较高的地位，受人敬畏。酬谢巫师的物品一般是猪肉、鸡、谷物等祭品。

◎为什么哈尼族崇信灵魂？他们有哪些祭祀活动？

哈尼人认为灵魂主宰一切，人的灵魂失落或触犯精灵，人就要死亡。哈尼医生为人治病举行仪式叫"拉祜祜"。用一根线、一团饭、一个鸡蛋放在一个所谓丢魂的地方，呼唤病人名字，并用线拴在病人手上，给病人吃饭团和鸡蛋。

如果久治不愈，必须纠集众人，手持刀枪，赶走拉帕。

哈尼人的葬礼因死者婚否，有无儿女，死因的不同而不同。死者的魂称为"密哈"。已婚生女性者，葬礼简单，一埋了事，其魂称"密沙"，即野鬼之义。非正常死亡者，其魂称为"疏密"，不能葬入公墓。死者有子女、儿孙者，厚葬，尸在家停三、五或七天。葬时要宰牛羊，并请巫师念经、祈祷、送魂，使灵魂归回祖先故地。

农业祭祀是哈尼族主要的祭祀内容。

其一，祭树、祭水：哈尼族以大树作为土地神崇拜。认为树寿命长、高大。在树周围用石头围起来。正月举行大祭树神"阿玛周"，三月小祭"本图周"（母树）。

此外还有祭井水神，祭时在井边设祭台，上供米、酒、茶、鸡，由祭司主祭祈求井水清洁，水源充足，五谷丰收。

其二，播种祭：西双版纳哈尼人在播种前的祭祀称"牙卡培楼"。正式播种前两天，由祭司主祭，祭司祭前首先洗涤谷种，以公鸡母鸡各一只、米一筒、酒一筒、茶叶少许和稻谷供祭。

其三，收获祭：包括尝新、收割和入仓祭祀。

尝新祭用新收的稻谷、鸡、酒、茶、瓜果、蔬菜祭祀祖先，并取回三穗稻谷挂在祖先灵台处。稻谷入仓要举行人仓仪式，年年如此。

◎为什么景颇族要在墓地盖一草棚？

景颇族重视丧葬礼仪。办丧事时，规定将尸体停在鬼门处。用大树挖成棺材。守丧由两名男子穿长衫持矛在门外作刺杀状，以示驱邪。

墓地选在高岗上。葬后在墓上盖一高丈余的圆锥形草棚，作为死者灵魂栖息之地。草棚顶上要立一木雕人像，并涂以猪血，以象征死者形象。墓四周立竹杆若干，有多少子女立多少根竹杆。竹杆顶上悬挂布条、纸，以表示死者性别和年龄。此外在木质像上拴线若干条，以表示死者和生者已断绝关系。葬后选吉日，以牛、猪、鸡、酒为祭品，举行送魂仪式。景颇人认为只有送走死者灵魂，活着的人才能平安无事。

因此景颇族在墓地搭草棚之举，是源于对灵魂的崇拜。

◎为什么怒族崇拜自然物和自然现象?

怒族分布在云南怒江、碧江、福贡、贡山一带。除崇尚原始宗教外，也信藏传佛教和天主教。怒族各氏族多把动物视为本民族的祖先，这种崇拜带有初民图腾崇拜色彩。

怒族认为一切自然物和自然现象均有神灵主宰，人的吉凶祸福均来自鬼神。所以不同地区对鬼神的崇拜不相同。

碧江怒族崇奉天鬼"门多"、山鬼"米枯于"、水鬼"独药于"。福贡县怒族崇奉山鬼"塞赤"、战鬼"埋尼"、瘟鬼"尼主"、天地鬼"冻尼"等。

凡家中有病人，要请巫师禳解、招魂。村寨发生偷盗事件无法辨明时，要请巫师"神判"。

判法非常残忍：①滚汤捞石。以铁锅装满水，烧沸放入石块。若被疑者为男性，烧柴九捆；女性烧柴七捆。巫师祷告，双方立誓，伸手入锅中捞一块石头。三天之内不起泡、不溃烂即清白无罪。②烈火拔桩。树立二尺长石柱，堆柴烧石，经祷告、发誓后，双手拔石。手不伤者认为清白无事，受伤者认定有罪。

清白者除恢复名誉外可得几头牛补偿。新中国成立后这些封建迷信习俗已废弃不用。

◎为什么黎族崇拜鬼神又有禁鬼之俗?

黎族原为母系社会,自从为父亲氏族公社取代之后,私有制得到发展,妇女社会地位降低,受到歧视和摧残。黎族普遍认为妇女灵魂不洁,经常离躯体而游荡,食祭品,使人生病。

黎族认为灵魂不洁的中年以上妇女或寡妇是禁鬼。张庆长《黎歧纪闻》一书中记载,妇女丧夫,黎人谓之鬼婆,不能再婚。人们认为禁鬼能传染、遗传。被定为禁鬼的人,全家可能被害。有的地方出现了"解禁"之术。每当查出禁鬼后,组织全村驱赶。被认为为禁鬼者,身背大树皮,众人鞭打树皮,敲锣打鼓,向天鸣枪。赶到河岸,令其跳入水中,众人伏在河岸作射击状。最后被指定为禁鬼的妇女将衣服让河水冲走,换成男装回来,并要改名换姓,数日不出家门。

在清末民初以后,黎族尚有男性禁鬼,被指定为禁鬼者,大都惨遭杀害。这是一种迫害劳动人民或有权势的人陷害他人的一种手段。

◎为什么水族有驱寨鬼和拜祖习俗?

水族主要聚居贵州三都水族自治县,部分散居黔南,少数分布广西、云南一带。

水族举行驱寨鬼仪式称为"黑板反"。一般在春夏两季或传染病流行季节举行。

届时各村寨集资买白鸡、鸭、牛头、猪肉、鱼、糯米饭、酒等供品,请水书先生念咒,挨家挨户赶鬼出寨,然后会餐。餐毕,用草绳连结若干木刀,环绕村寨四周。在村寨门口架几把大刀,搭成"鬼架子",架上放祭品。寨口插有标记,三天内禁止外人进寨,违禁者,承担重新驱鬼的全部费用。

水族认为未婚生育会触犯天神,引起灾害。村寨一旦发现私生子,必须举行驱鬼仪式,费用由私生子父母承担,并要求杀猪备酒招待全寨会餐。私生子父母如果属同村寨人,则将双方装入竹编笼中,抛入河心淹死。

水族的拜祖活动是水历元月至二月举行。仪式为戌日午夜初拜,设祖先及地母娘娘席,席旁另设一神席,摆放水果、豆腐、米饭、酒、肉等。天拂晓,正式拜祖,称再拜祖。设三席,供品相同。

◎为什么拉祜族多种葬仪并存？

云南拉祜族是一个多种葬仪并存的民族。勐海县拉祜族用土葬，为头东脚西，脸朝下，身体半侧，双手交叉于胸前。他们认为，死者仰面平躺安葬，将给生者带来灾难。葬后先祭祖先。丧葬当晚，全村到死者家中举行唱歌跳舞，表示驱除灵魂出寨。

但有的地区举行火葬，每个村寨设公共火化场。将遗体堆放在四方形木柴堆上，死者为女性，叠柴七层，男性堆柴九层。

◎为什么王灵官有护法镇山的本领？

武汉有座长春观，是我国著名道观之一。进入山门第一殿供奉的道教护法神将王灵官，其像狰狞：红脸、二目怒视，额上还有一目。巨齿獠牙，右手持金鞭，左手掐灵官诀，身披金甲，足踏火轮，一派煞气。

传说王灵官是武当山五百灵官的统帅。宋代有一位火车王灵官指的就是这位灵官。

王灵官本名王善，是湖南湘阴的城隍。有一个姓萨的老道，住在城隍庙。当地地方官梦见城隍对他说："我庙里住了一个恶道士，闹得我不安宁，请将此人赶走！"次日知县带官兵将萨道士赶走了。

萨道士怀恨在心，寻机报复，拿出一束香交给去庙里上香的人说："求你们还完愿，替我烧把香。"上香的人照道士的吩咐办了，结果庙上大火，把城隍庙烧得精光，王灵官成了一个无处栖息的"夜游神"。

萨真人云游四方，普济众生，十几年后在江边饮水，水中突然冒出一金甲神将，对萨老道说："我是火车王灵官，原为灵霄宝殿值班灵官，奉玉皇大帝之命到湘阴城隍庙任城隍，自从你烧完庙后，我跟你十多年，寻机报仇。但见你专门行善，令我折服，我诚心做你的弟子。"

王灵官在明代最吃得开，永乐帝朱棣十分崇拜王灵官，还得到一个灵官藤像，平时供在寝宫，早晚行礼。出征时，命军士抬灵官像，作为保护神。

王灵官在道教中的地位，与佛教中的韦驮相似，是非常重要的护法神之一。

◎为什么以海洋为邻的国家或地区均供奉妈祖？

中国沿海地区，尤其是台湾省重视海神崇拜。中国的海神娘娘，是天后，又名妈祖。

妈祖庙遍布我国沿海及东南亚，仅台湾省就有500多座，各地信仰妈祖的群众达1亿人，由此可见妈祖影响之大。

相传北宋莆田有一位渔家姑娘林默，其父林愿为小官吏。林默水性极好，长大后每逢商船、渔船遇难她都去救助。受家学薰陶林默精通天文、卜筮、医学，能为人治病，预测人生吉凶祸福。因此受到乡亲爱戴，视为神女。有一次为了救人林默不幸淹死。乡人为了纪念她，修了一座海神庙，并编了关于默娘升天成仙的故事在民间流传。

郑和下西洋多次遇台风，据说得到海神林默庇佑，常化险为夷。诸多奇迹传入朝廷

天后（妈祖）

后，皇帝十分高兴，亲自下诏册封神号。从北宋到清对神女的册封多达40余次。对林默的祭祀不仅民间进行，朝廷也派大臣礼祭，并载入国家祭典。

我国各地天后宫有近千座，其中以莆田天后宫规模最宏伟。每年3月23日是妈祖诞辰日，远近渔民都来朝拜，台湾还组织"湄州妈祖进香团"前来进香，有时有几十万人参加这一祭典。

◎为什么说弥勒佛又化身为布袋和尚？

在北京的潭柘寺天王殿有一副名联是这样写的：

大肚能容，容天下难容之事。开口便笑，笑世间可笑之人。

这副对联极有哲理，反映了弥勒佛的形象和人生态度。弥勒佛是一位笑口常开，袒胸露腹，盘腿而坐的胖和尚。这位胖和尚并非三世佛中的未来佛弥勒，而是一位地道的中国人，就是布袋和尚——契此。

在五代的梁时，浙江出了一个和尚法名契此。这位僧人矮胖，大肚子，经常用竹棍挑个大口袋在市井化缘。此人能占卜吉凶祸福，也能预测天地阴晴雨雪，年景丰歉。有一次契此箕踞而坐口念偈语：

弥勒真弥勒，化身千百亿。

时时示时人，时人自不识。

念完偈语胖和尚圆寂了。后人根据他的形象塑成现在佛殿中供奉的弥勒。

弥勒在梵文中为"慈氏"，这是一个印度姓，名阿逸多。按佛教说法此公是菩萨，将来能成佛（即未来佛），并确定为佛祖接班人，地位极高，与中国的胖和尚契此毫无瓜葛。

中国最大的木雕弥勒佛高18米，给他做件长袍需用黄缎110尺。大佛于乾隆时雕成。

最大的铜弥勒佛在日喀则的扎什伦布寺的大强巴殿。佛像高26米，大手长3米，佛像嵌有钻石、珍珠、琥珀1400颗。此佛用铜23万多斤，黄金55斤，110个工匠铸佛费时四年。

布袋和尚

◎为什么八仙非同一朝代人而能组合在一起?

人们所传说的八仙是明代吴元泰《八仙出处东游记》一书中记载的八位仙人:李铁拐、钟离权、张果老、何仙姑、蓝采和、吕洞宾、韩湘子、曹国舅。八仙被组合在一起,完全是迎合社会各阶层人民喜庆娱乐的需要。八仙具有广泛的社会基础,男女老少,贫贱富贵……社会上形形色色的人都能从八仙中找到亲近的知音。"八仙过海,各显神通"已经成为民间的谚语。"八仙过海"这台戏说的是王母娘娘寿辰在瑶池设宴招待八仙的事。这八位仙人开怀畅饮喝得大醉。宴席后,来到东海,乘着酒兴,各显神通。李铁拐以手杖投入海中,立于其上,乘风破浪过海;钟离权用拂尘;张果老用纸做的毛驴;吕洞宾以洞箫;何仙姑以竹篮;蓝采和、曹国舅用玉版分别投入海中而渡。东海龙王太子见财生贪念,抢了蓝采和的玉版,惹怒了八仙。八仙杀了龙王太子,打伤了二公子,四海龙王齐来参战,也不是八仙的对手,又请来天兵天将。

后来太上老君、如来佛、观世音菩萨三位从中调解,才算平息了这场纷争。八仙闹海反映了八仙团结御侮的精神,受到群众的称誉。

◎为什么说布朗族是多神崇拜？

布朗族聚居在云南勐海县的布朗山，大多数居民信奉小乘佛教。他们崇拜多神：

其一，山神：布朗族认为山神掌管山林，每年须祭祀四次才能保证平安。墨江布朗族每逢正月初五或初六，以米、酒、茶、纸钱、公鸡祭山神。由巫师杀鸡、点香、烧纸、念咒语。祭祀结束用纸沾鸡血贴在树干上。

其二，社神：村民认为社神是村寨的守护神，在寨中央立木桩，周围堆石筑台，认为是社神住所。墨江布朗人每年二月某日，杀牛一头、鸡一对，另用谷一斗、米一升、香一把供祭。

祭祀时巫师用削尖的栗木棍杀牛，割下牛头挂在树上，同时献鸡、烧香。祭毕，全寨老少会餐。妇女、孕妇及其丈夫禁食牛头、鸡头。

祭后三天之内不准下地劳动，不得靠近大树。

其三，水鬼：勐海的布朗人认为一种叫做"苦拉"的水鬼最厉害。布朗族心目中的水鬼人头蛇身，每逢暴雨水涨时出来作怪，谁见了就要死。要请巫师到河边念咒，并将祭品投入河中。

其四，火神：布朗族刀耕火种，每年都要烧荒种地，第一道程序是祭火神，祈求火神保佑，不要伤害人畜。居民房屋中间是火塘。凡婚丧嫁娶等事，都要在火塘边举行祭祀。墨江一带布朗人在除夕有祭火神习俗，以糯米饭团、肥肉、酒置于灶头，祭祀灶神，以祈全家平安。

其五，土神：凡耕地、开荒、盖房动土都要祭土神。由巫师主祭，除一家之长可陪祭，其余的人均须回避。由巫师念咒，祭毕由家长陪巫师吃煮熟的鸡、肉，其余祭品归巫师所有。

◎为什么赫哲族巫师又称阿哈？

阿哈是赫哲语的音译，表示"萨满的助手"，是赫哲族萨满教巫师中的一种。这些人专治天花、水痘、疹子等病，其地位仅次于萨满，新的阿哈是在久病许愿作阿哈的人中产生的，但须通过领神仪式。

阿哈领导的是娘娘神，每一种娘娘神均有严格分工，专治一种病，如瘟病娘娘神、天花娘娘神等……各种娘娘神都有一定标志，用旗杆上系的不同颜色布条来加以区别。

◎为什么阿昌族以色曼为保护神?

    阿昌族分布于云南德宏傣族景颇族自治州的陇川梁河两县，信仰小乘佛教，但受本民族固有的宗教影响很深。

    阿昌族以"色曼"为保护神，是山神、水神、土地神的共同化身。传说中的色曼，有六只手，领兵帅将，骁勇善战，受到阿昌人的崇拜。凡是盖房建寨必先祭色曼神。一年有两次大祭，一次是农历五月，选在猪日、马日、虎日进行。由村寨选一男子主祭，每户派一名男子参加，全寨停止劳动一天，禁止外人进寨，祈求五谷丰收，人畜平安。第二次祭祀选在六月或七月的猪日、马日、虎日，用鸡、肉、酒为祭品，祭毕聚餐。每逢红白喜事，村寨间械斗，都要祭色曼神。

    阿昌族以皂角、杞木、红木、黄桑树为"神树"，人有疾病被认为触犯了树神，需备鲜花、斋饭祭祀。

    此外，阿昌人还有认树、认石、认桥为亲的习俗。认为以上诸物为"亲爹亲妈"。如果认树为亲，男孩则起名树宝，女孩起名树英。

    每年插秧和秋收时还要举行谷魂仪式。插秧的当天要在地头插花、插李子树枝，以祈求稻粒长得像李子一样肥壮。

    秋天收完稻子，早上要杀一只小公鸡在谷场供奉，以唤回

·中华文化十万个为什么·

谷魂守好谷仓。

阿昌族奉祀祖灵和行业神，铁匠祭灶神，木匠祭鲁班先师，一般在年节进行。

◎为什么萨满教流传于我国东北至西北边陲少数民族中？其主要崇拜对象是什么？

萨满教是原始宗教之一，流行于我国东西边陲少数民族地区操阿尔泰语系满～通古斯、蒙、突厥语的鄂伦春、鄂温克、赫哲、达斡尔等民族中。萨满即通古斯语中"巫师"的称谓。

南宋徐梦莘撰《三朝北盟汇编》中，用"珊蛮"一词，记载了女真人信奉的萨满教。

萨满教崇尚灵魂，认为万物有灵，崇拜范围广泛，有各种神灵、动植物及无生命的自然物和自然现象。主要崇拜：

其一，自然崇拜：①拜火。认为火来源于天界，神圣洁净，能驱赶魔鬼、猛畜，任何宗教仪式都离不开火。阿尔泰人祈祷时说："你是太阳和月亮的一部分。"鄂伦春人称火神为"斡透巴如坎"，禁止往火里吐痰、泼水，进餐时先向火里扔酒肉敬火神。②拜山：山是各族先民栖息起源之地，主宰树木兽禽。古代突厥可汗每年要到祖先住过的山洞杀牲畜祭祀。鄂伦春、鄂温克猎人认为禽兽由山神豢养，狩猎多少由山神赐予。③拜日月星辰、风雨雷电：鄂伦春人每年春节要拜太阳神。正月十五或二十五要向月亮神磕头。达斡尔人每年开网捕鱼，要祭龙王，以祈丰收。

其二，动物崇拜：鄂伦春人对黑熊非常敬畏，认为是他们的祖先，禁止捕猎。狩猎技术发展后枪支传人，开始猎杀狗熊。但每次打到熊后要割下熊头举行祭祀仪式，并跪祷："熊爷爷你睡觉啦！不要责怪我们，不是有意杀害你，是误杀。不要生气，多赐我们好运。"吃完熊肉的骨头用树条包好送去风葬，并要装成哭泣悲哀状。满族认为乌鸦救过祖宗的命，所以在萨满教祭天仪式时，要将肉、动物内脏放在大木杆顶端，喂乌鸦。

其三，祖神崇拜：萨满教崇拜的祖先，多是亡故的曾祖父以上的先人。对于人畜患病，认为是得罪了祖先，祖先迁怒，要祭祀请求宽恕。

其四，偶像崇拜：萨满教用石头、骨类、木头雕成神像，或用兽皮毛编成神像，也有画在纸上的像，作为祭祀的偶像。这些神像一般放在帐篷上方、家宅门楣或住地树上，禁止妇女接近触摸。

鄂温克和鄂伦春人以熊为神，是用幼熊皮加以充填物（类似熊标本）做成。鱼神的像是用木雕成的。蛇神像是用铁片剪成。

每家每户有各自的祖神像，夫妻也供奉各自的祖神。但氏族共有的祖神地位最高，祭典也比家神隆重。

◎为什么我国民间信奉土地神?

土地神是地位最低的神,只管理某一较小的地面,也作为村社的守护神,但土地庙在旧中国遍布城乡。对土地神的崇拜源于原始宗教中对自然崇拜的一部分。

最初的土地神实际上是社神。《说文解字》云:"社,地主也,从示、从土。"意思是说,社乃土地之主,土神。

《考经援神契》云:"社者,土地之神,能生五谷。社者,五土之总神。土地广博不可遍敬,故封土为社而祀之,以报功也。"

汉儒蔡邕《独断》对"五土"作如下诠释:"先儒以社祭五土之神。五土者,一曰山林,二曰川泽,三曰丘陵,四曰坟衍,五曰原隰。名曰社者,所在土地之名也。凡土所在,人皆赖之,故祭之也。"

古人对土地崇拜主要是因为土地广大无边,生长负载万物,人们敬畏,免触其怒,发生地震时房屋倒塌,人畜伤亡。另一方面土地生长之物为人类生存提供保障,因而要报答土地之德。

◎为什么失火又称为回禄之灾？

全世界各国各民族，都有对火及火神的崇拜，火的发现及被应用，是人类从野蛮步入文明的重要标志。

我国火神有名有姓，他们是：祝融、炎帝、回禄（吴回），除此之外还有管理火种的火神叫阏伯。

在河南省商丘有一个火神台，是祭祀火神阏伯的地方。据说阏伯是颛顼的儿子，封于商丘，专门管理火种，官衔叫"火正"。那时人们不可能发明火柴之类取火工具，只能是钻木、击石取火，或当树木受到雷击起火，将这些火留为火种昼夜不灭。

火神台高十丈，台上建有火神庙，有大殿、拜厅、钟鼓楼、戏台、大禅门等建筑。

每年的正月初七，各地百姓都纷纷来火神庙朝拜，形成盛大的庙会。

老百姓家由于平时对火管理不善，造成火灾，往往看作是火神回禄（吴回）的惩罚，故称回禄之灾。失火后要用白鹅作为祭品去祭火神，以保平安。

◎为什么先民还有性器官崇拜?

　　先民的自然崇拜中有男女性器官的崇拜。旧石器时代发掘出的洞穴壁画雕刻中的妇女形象，腹部、乳房、阴部特别夸张、突出。学者们考证为生殖之神。在较晚的考古发现中，有单独脱离身体的性器官雕像出现。由于父系社会取代母系社会，男性生殖器形象越来越多于女性生殖器形象。人类进入文明社会以后，对性器官的崇拜有进一步发展。希腊、罗马神Pria-pus即源出于神化了的男子性器官。对性器官的崇拜在欧洲基督教中也能见到，在法兰西东南的圣芳丁（St.Fountin）教堂中，16世纪时还悬挂男女性生殖器官造型。

◎为什么神通广大的铁拐李治不好自己的瘸腿?

传说中的铁拐李是八仙中地位最高的一位。此老蓬头黑脸，衣衫破烂，一条腿是瘸的，挂一根铁拐杖，背一个药葫芦，像一个叫化子。

有一种说法是铁拐李是隋代陕西人，名李洪水，经常挂一铁杖在街上要饭。有一次忽然将铁杖抛上天空，变成了一条龙，铁拐乘龙而去。

铁拐李

另一种说法是铁拐李名叫李玄。因崇拜老子要进山修炼，临行前吩咐徒弟，如果七天不回来，便可将他的躯壳烧掉。到了第六天，徒弟家来人说老娘病重，催他立即回家，侍候老娘。徒弟无法守到第七天，见师父元魂仍未归，一把火将师父躯壳烧了。

第七天李玄归来，失去了躯壳，失魂落魄，六神无主。忽然看见外面有一行将饿死的乞丐，马上来了个借尸还魂，站起来到池塘边一照，大吃一惊，那副尊容奇丑无比。正在惊慌中，师父李聃大笑道："道行不在外貌，这样子很好。"铁拐李没有办法，只得面对现实接受这副丑像，当然不会用葫芦里的灵丹妙药去治好自己的瘸腿。

铁拐李在民间影响很大，据说他背上葫芦里装的药可治百病，民间流行的狗皮膏药还是铁拐李传授的秘方，河南安阳一带奉铁拐李为狗皮膏药的发明者和祖师爷。

◎为什么说文昌帝君是管功名利禄的神?

我国一些建制比较早的县，都建有文昌庙，供奉文昌帝君。其中以四川梓潼县七曲山的文昌宫最著名。庙里的文昌帝君是铁铸的，高1丈4尺，重约600公斤。

文昌，本是星官名，是魁之上六星的总称。古时星象学家认为是主大贵的吉星，道教又尊其为主功名利禄之神。我国从隋代开始科举取士后，文人举子对文昌帝君的顶礼膜拜之风更为盛行。元代，仁宗皇帝封梓潼神为"辅文开化文昌司禄宏仁帝君"。

明末，张献忠入川，路过文昌庙，见供奉的文昌帝君名叫张亚子，便联系到是本家，就把文昌庙改为太庙，还为自己塑造了一尊像供于庙内。张献忠兵败后，塑像被捣毁。

◎为什么观音菩萨又兼送子娘娘之职?

观音菩萨在佛国的地位并不在释迦牟尼佛之下。观音中国化后,由男变女,又衍变成汉家公主。观音大慈大悲,普救众生,特别钟爱女性,如是又增加了一项送子的功能。

清人赵瓯北在《陔余丛考》中有一段如下记载:"许洄妻孙氏临产,危苦万状,默祷观世音,恍惚见白氅妇抱一金色木龙与之,遂生男。"

据《维摩诘经》上说,当人们痛苦万状时,口中只要默念"观音菩萨",就可以解除痛苦。

由于人们对送子观音的崇拜,那些不生孩子的妇女,都到观音庙祈求赐子。有儿女的妇女希望孩子无病无灾也到庙里求观音保佑,许愿。

送子观音

◎为什么满族把鹊雀当成神鸟供奉？

《满洲实录》中记载了如下故事：

满洲起源于长自山东北的布库里山下，那里有一个湖叫布勒湖。有一天，天上忽然有三位仙女到湖里去洗澡，其中最大的仙女叫恩库伦。洗完澡上岸，有一只鹊雀将口中衔的红果投在恩库伦衣上。这红果色泽鲜艳，恩库伦爱不释手，把它衔在口里，去穿衣服，一不小心咽人腹中，没有多长时间有孕腹反应。

后来生下一男，这男孩生下来就能说话。长大后，他说他是天女恩库伦所生，姓爱新觉罗，名布里雍顺，部族的人共同推举他为国王，定国号为满洲，这就是满人的始祖。经历了几代后他的子孙非常暴虐，部族起来反叛。在六月份攻破鄂多里，子孙受到杀戮。在被杀的百姓中，有一小孩叫樊察的逃生到旷野。追兵发现，紧跟其后去追他。此时有几只神鹊栖在他的头上。追兵以为是一枯树桩上停了几只鹊雀。因为人的头上是不会栖鸟的。这样樊察逃脱了'。这以后满族后代子孙把鹊雀看作一种神鸟，予以保护，绝对不许加害。以上是满族供奉鹊雀的原由。

◎为什么梨园尊崇唐玄宗李隆基为祖师爷?

在旧中国，戏班都在后台设有神龛供奉本行业祖师，上面写着"翼宿星君"几个大字。有的神龛中供奉有神像。

清代戏剧家李渔对戏曲的祖师爷有一段独白，记录如下："凡有一教，就有一教的宗主，二郎是我做戏的祖宗，就像儒家的孔子，佛教的如来佛，道教的李老君。"

二郎神的说法很多，《西游记》中杨戬是二郎神，隋代修都江堰的水利专家李冰的儿子李二郎死后也为神，究竟谁是梨

梨园神

园供奉的二郎神？

唐代大诗人白居易的长诗《长恨歌》中有"梨园弟子白发新，椒房阿监青蛾老"之句。诗中的梨园之设立始于玄宗李隆基。《新唐书·礼乐志》载："玄宗既知音律，又酷爱法曲，选坐部子弟三百人，教于梨园，声有误者，帝必觉而正之，号皇帝梨园弟子。"

在明皇禁宛中，有梨园亭，是专供演奏乐器之用。玄宗也亲自去奏乐。

李隆基具有很高的艺术天赋，开元十一年还亲自指挥排练大型歌舞《圣寿乐》。宫廷中的梨园由太监领导，有些太监本身就是著名演唱家。如：雷海青是弹琵琶的圣手；李谟善吹笛，有神笛之称；李龟年是一个集唱、奏于一身的艺术家，名闻海内。

由于玄宗李隆基对戏剧音乐的重视、倡导，被梨园弟子奉为梨园神。

唐玄宗是排行第三，自称三郎，为少子，所以梨园也称老郎神。老即小的含义。

◎为什么土地神形形色色不是一个？

因为土地神管辖的地面很小，所以各地的土地神五花八门，各具特色。在重庆有条街叫"鸡毛土地"，祭祀时需杀只鸡，用鸡血沾纸贴在土地神身上。在重庆复兴巷有"黄桷土地"，因庙旁黄桷树得名。最豪华气派的是三层土地，因此地是清代迎接钦差、接圣旨的地方。

"八仙之地"，传说吕洞宾等仙人变成老头，游戏人间，被土地爷请去吃了顿饭。

此外还有总土地。传说唐韩愈死后，封为总土地，经常到各处巡视，发现不忠于职守，不保佑一方的小土地，就地免职，重新任命。

有趣的是土地庙里总是公母配对，有土地公公，必有土地奶奶，但没有见到土地儿、土地女儿。

◎为什么说土地神可再婚再嫁？

随着社会的发展，各封建王朝，尊大地之神为后土，与天帝地位相等。

《左传·昭公二十九年》："共工氏有子曰句龙，为后土。……后土为社。"《淮南子·汜论训》"禹劳力天下而死为社"。高诱注云："托祀于后土之神。"应该说句龙和大禹是中国最早的后土神。其他各朝代牵强附会的土地神确实太多，难以精确统计。如三国时弥仲平（打鼓骂曹者）当了杭州瓜山土地爷。萧何、曹参、沈约、张旭、鲜于侁等，都被后人附会为土地神。

应该说对土地的崇拜盛兴于明代。建文二年（1400年）正月，南京奉旨修造南京铁塔时，在塔内特辟一"土地堂"，以供奉土地。

非常有趣的是，历史上古人笔记小说记载中有过几次土地爷娶妻，土地婆改嫁的闹剧。

宋高文虎《蓼花洲闲录》："温州土地杜十姨无夫，五髭须相公无妇，州人迎杜十姨以配五髭须，合为一庙。杜十姨为谁？杜拾遗也，五髭须为谁？伍子胥也。"

以上记载，纯系胡说八道，有似于关公战秦琼。杜甫怎能去当伍员的老婆呢？何时由男变女？

土地婆改嫁之事，见《驹阴冗记》记载："中丞东桥顾公璘，正德间知台州府，有土地祠设夫人像。公曰：土地岂有夫人？命撤去之。郡人告曰：府前庙神缺夫人，请移土地夫人配之。公令卜于神，许，遂移夫人像入庙。时为语曰：土地夫人嫁庙神，庙神欢喜土地嗔。

既期年，郡人曰：夫人入配一年，当有子。复卜于神，神许，遂设太子像。"

像这样胡编乱造之事，令人啼笑皆非。

◎为什么南京的钟山又名蒋山？

传说汉代有一位秣陵尉的小官，名叫蒋子文，是扬州人。此人行为不检，"嗜酒好色，挑达无度"。他常吹嘘自己不是凡人，"骨清，死当为神"。有一次蒋子文追贼至钟山下，贼击伤额，因解绶缚之，有顷遂死。及吴先主孙权时，其故吏见文于道，乘白马，执白羽，侍从如平生。见者惊走，文追之，曰："我当为此土地神，以福尔下民，尔可宣告百姓，为我立祠。不尔，将有大咎。"是岁夏，大疫，百姓窃相恐动，颇有窃祠之者。于是使使者封子文为中都侯，次第子绪为长水校尉，皆加印绶。为立庙堂，遂号钟山为蒋山，今建康东北蒋山是也。自是灾遂止息，百姓遂大事之。

◎为什么在我国民间有崇信青阳教的人？这种教教义是什么？

在清王朝乾隆年间（1736—1795）我国民间流传有"青阳教"。这种宗教每月初一、十五烧香，诵念歌词："奉母亲祖万篇，安天立地总收元，替父完结立后世，真金女子保团圆。"每天早晨太阳出来时，向东方虔诚跪拜，求免今生灾祸，免受轮回之苦，并求来生托世做好人。这种宗教具有原始性，说不上供奉何种神，也无教义，所以流传时间短，影响小，生命力短。

◎为什么在中国和日本都有天理教？这种教有哪些宗教活动？

　　天理教又称"八卦教"、"白阳教"、"荣华会"，是清代民间的一种宗教。此教信奉"真空家乡，无生父母"八字真诀，将八字写在白绢上，供奉于暗室，早晚诵拜。每早还需对太阳礼拜念经，祈求避免刀兵火水之灾。入教者要根据个人的能力捐钱捐粮，称为种福钱和根基钱，每年清明节、中秋节，教徒还要捐献钱物，称为跟账钱。山西、河北、河南等省遍布教徒，并分属各卦。嘉庆十一年（1806）浙江绍兴林清由教徒拥戴为首领，主坎卦，后总领八卦，称为天皇，又总领文卦，称文圣人。河南滑县李文成掌震卦，'并管领坎卦以外其余七卦，称人皇。另有地皇冯克善精通拳术枪法，总领武卦，称武圣人。林清、李文成根据"天书"上有"八月中秋，八月中秋，黄花满地开放"之说，于嘉庆十八年组织天理起义。

　　日本天理教是日本神道教派神道之一。德川末期由中山美伎子（1798—1887）创立。中山原为奈良某地主主妇，丈夫死后，家道中落，以跳神、唱神歌、医病维持生活，后自称"天理王明神"而创教，以她写的《神示集录》为经典。将神道教信奉的国常立尊等十种神统称"天理大神"，以此作为主祀神。宣称神是人类祖先，创造万物，世界一切皆为神所有，人们拥有的一切，均为神的借贷物；人们一切罪恶的本源全在心中的欲念，只要去掉欲念，诚心信神，互相亲爱，尽力本业，就可实现和平幸福的"地上天国"。该教于明治二十年（1887）被取缔，明治四十一年（1908）被纳入神道教系统，1970年退出神道教派联合会。该教总部设在奈良县天理市。办有天理大学、天理教校，并发行有《天理时报》。

◎为什么明教在历史上被农民起义军所利用？

明教是由摩尼教发展而成的秘密宗教组织。混合有道教、佛教等成分。五代、宋、元农民起义经常利用其作为组织工具。因为其有广泛的社会基础，有众多的教徒，分布范围大，宗教领袖具有号召力。

该教尊张角为教祖，敬摩尼（或译作牟尼）为光明之神，并崇拜日月。教徒穿白色衣服，提倡素食、戒酒、裸葬；讲究团结互助，称为一家；认为世界上光明力量必将战胜黑暗力量。

五代梁末（920年）母乙以此发动起义。两宋时流行于淮南、两浙、江西、福建等地，不断暴发明教起义。最著名的有方腊领导的起义。

◎为什么天主教能传人中国？何时传人？

天主教又称公教，是基督教三大派别之一。"天主"之名是耶稣会教士进入中国后，借用中国习俗的命名。天主为至高无上的主宰。基督教于1到2世纪在罗马帝国形成后，分化为东西两派，西罗马帝国于公元476年灭亡后，罗马主教主成为西派领袖。公元1054年东西两派分裂，东派以君士坦丁堡为中心，称东正教，西派教会以罗马为中心，即天主教。

东西两教派共同信奉天主和耶稣基督，并尊马利亚为天主之母。主要信条是天主圣化创造人类；天主圣子降生为人，救赎人类，亦受难、复活、升天，世界末日将再次降临；天主圣神，圣化人类……善人得到善报，恶人要永远受苦。中世纪，成为西欧社会占统治地位的宗教，并将哲学、政治、法律都置于天主教神学控制之下。

天主教于元代传人中国，元亡，明万历十年再度传入中国.鸦片战争后，被殖民主义者作为愚弄、侵略中国的工具。

◎为什么基督教以十字架作为信仰的标记?

　　十字架是一种刑具,英文为(cross)。古代罗马帝国在处死奴隶和没有罗马公民权的人时用此刑具。它由两根木料相交叉而成,其形状似汉字的"十"字,所以译作十字架。行刑时,将受刑者两手分开钉在横木上,双足相合钉在竖木上直到受刑者断气。

　　基督教相信耶稣为了替世人赎罪,被钉十字架而死,所以十字架作为一种信仰的标志,竖立在教堂的最高处(教徒也配带胸前)。

◎为什么《圣经》是基督教、犹太教的正式经典?

《圣经》最初出自希伯来文(Kěthubim),其原意为"文章",后衍意为"经",拉丁文作"Scripfuroe",汉译为"经"。以后圣经被作为基督教、犹太教的正式经典,它包括《律法书》、《先知书》、《圣录》三个组成部分。

其主要内容有关于人类及世界起源的故事,犹太民族古代历史宗教的叙述,以及犹太法典、先知书、诗歌、格言等。

基督教的经典包括《旧约圣经》、《新约圣经》。《新约圣经》共二十七卷,是基督教的经典,记载了耶稣的生平、言行……。

据说此教于唐代传入中国后,有人将《圣经》译成汉文。现在流行的《圣经》是明代来中国传教的传教士翻译的。

◎为什么从《旧约圣经》中抽出箴言单独成篇？

在《旧约圣经》中有一卷属智慧类书。此书共有30章是由许多格言汇集而成。第一、第十、第二十五章首页署名《所罗门箴言》，据说成书于4世纪，由许多长短句、诗、散文写成。其内容为：修身、治家、处事、办事敬畏上帝、法令、道德准则、哲理等。

◎为什么基督教徒在宗教仪式中齐诵"阿门"？

阿门（Amen）是希伯来文的音译，代表"真诚"，为基督教仪式的结束语。表示希望一切祈祷均能如愿。在古代犹太教诵诗篇之后，教徒齐声颂"阿门"。基督教在主持人领导宗教仪式结束之后，也齐诵"阿门"，以示"诚心所愿"。

◎为什么用"伊斯兰"作为宗教的名称?

"伊斯兰"是阿拉伯语的音译,意为"和平、纯净、顺从"。该词在《古兰经》里共出现过八次,是作为宗教的名称提出的。如:"今天,我已为你们成全你们的宗教,我已完成我所赐你们的恩典,我已选择伊斯兰做你们的宗教。""真主所喜悦的宗教,确是伊斯兰教。曾受天经的人,除在知识降临你们之后,互相嫉妒外,对于伊斯兰教也没有异议。"

据此,伊斯兰教学者在阐释"伊斯兰"的意义时强调指出,"伊斯兰"一词就宗教方面的意义而言,就意味着"归顺安拉的旨意","服从安拉的戒律",这种归顺与服从必须是无条件的。一个人只有通过对安拉的无条件归顺与绝对服从,才能享受到长久的纯洁,获得真正的和平。

事实上,公元7世纪初,穆罕默德在进行他发动的这场"宗教革命"时,选择"伊斯兰"作宗教名称,正反映了阿拉伯人民反对战乱,要求和平与安定的强烈愿望,适应了时代发展的潮流。他的伊斯兰教主张一提出,就受到了广大中下层人民的拥护,特别是受到广大奴隶及妇女的拥护,这绝不是偶然的。

◎为什么穆斯林要信仰真主?

信仰真主是穆斯林六大信仰之一。他们相信真主是宇宙万物的创造者、恩养者和惟一的主宰;是全能的、全知的,大仁大慈、无形无象、无所在又无所不在,不生育也不被生、无始无终、永生自存、独一无二、实有超然。

在伊斯兰教经典《古兰经》中,有多处描写真主各种属性的经文。其中有一段文字是这样描述的:"他是真主,除他外,绝无应受崇拜的。他是君主,他是玉洁的,是健全的,是保佑的,是见证的,是万能的,是尊严的,是尊大的……他是真主,是创造者,是造化者,是赋形者……"

信仰真主是伊斯兰教信仰的基础,是对穆斯林的基本要求,并且要做到"心里诚信,舌肉召认",不能有丝毫怀疑和争辩。可见,作为信奉伊斯兰教的穆斯林必须信仰真主,否则就不能筸一个穆斯林。

◎为什么《古兰经》在穆斯林心中是非常神圣的?

　　《古兰经》是伊斯兰教的根本经典。"古兰"是阿拉伯文的音译,意为诵读。其主要内容包括伊斯兰教的基本信仰和基本功课。其中特别强调安拉独一、顺从、忍耐、行善、施舍和宿命;还有对阿拉伯半岛社会制定的种种主张和伦理规范;为政教合一的穆斯林公社确立的宗教、政治、经济、社会、军事和法律制度;与多种教徒和犹太教徒进行论辩的记述;为宣传伊斯兰教而引述的一些古代先知的故事传说等。开始只是陆续零散地颁布,被记录在兽皮、石板、枣椰叶上,穆罕默德在世时,并未成册。后经第一任哈里发阿布·伯克尔命令而整理、保存,到第三任哈里发奥斯曼时再次订正,编成"奥斯曼定本",流传至今,全经共30卷,114章,6200余节,分"麦加章"和"麦地那章"。

　　穆斯林认为《古兰经》是真主降给穆罕默德圣人训示人类的基本法典,含义深邃。因此人们应具高见卓识,平心静气,详加寻味,才会见其义,明其理;反对对该经等闲视之,妄加评论和疵议。可见《古兰经》在穆斯林心目中是非常神圣的。

◎为什么"伊玛尼"是穆斯林必备的条件?

"伊玛尼"是阿拉伯语的音译,意为"信仰",凡信仰伊斯兰教的人就被称为有"伊玛尼"的人。

伊斯兰教对于"伊玛尼"是有严格规定的,凡是有信仰的人必须心里诚信,口里承认并身体力行伊斯兰教的六大基本信仰(信真主,信天使,信经典,信使者,信前定,信后世);必须作证"万物非主,唯有真主;穆罕默德是真主的使者";此外,还要遵循其他教义。伊斯兰教认为,"伊玛尼"不仅仅表现在精神方面,在行为方面也应该体现出来。穆罕默德曾说过:"爱国属于信仰";"知廉耻属于信仰";"'伊玛尼'有七十多个枝杈"等等。念、礼、斋、课、朝等功课属于"伊玛尼";为主道而战,孝顺父母、尊老爱幼、助人为乐、扶困济贫、节俭谦恭等都属于"伊玛尼";远奸近贤,不吃禁物等也属于"伊玛尼"。可见,在伊斯兰教看来,信仰涉及到一切方面,决定着人的行为和思想,制约着穆斯林的伦理道德和日常生活。如果一个人不知道"伊玛尼"的内容,那他就不是一个穆斯林。所以说,有"伊玛尼"是穆斯林必备的基本条件。

◎为什么"穆民"不是"穆斯林"的简称?

有人说"穆民"是"穆斯林"的简称,其实这是一种望文生意的误解。

"穆民"是阿拉伯语的音译,旧译亦曾作"谟民"、"穆我民"等,意为有信仰者或"信士"。在《古兰经》中,曾以该词作为23章的章名,王静斋阿訇将其译为"穆密农(众信者)",马坚教授译为"信士(慕米农)",林松先生则译为"信士们(穆米努)"。在这部经典中,"穆民"一词被用来泛指一切有一神论思想信仰的犹太教徒、基督教徒和穆斯林。后来,"穆民"一词在伊斯兰教典籍中,被用来专指伊斯兰教信士,与"穆斯林"意义相近而通用了。

"穆斯林"是阿拉伯语的音译,从"伊斯兰"一词派生出来的主动名词,意为"和平者"、"顺从者",专指顺从真主旨意、信仰伊斯兰教的人。在中国,习惯上将信仰伊斯兰教的十个民族都称作"穆斯林"。

"穆民"与"穆斯林"源于阿拉伯语的两个不同词根,原来的词意也有微妙的区别,因此,不能将前者视为后者的简称,只能说是"穆斯林"的另一种称谓。

◎为什么中国穆斯林常说"八件教门原根"？

"教门原根"，就是指伊斯兰教的根本信仰。八件即八条：一是认主独一；二是知主公道；三是信圣人；四是信伊玛目；五是命人行好；六是止人干歹；七是远奸；八是近贤。

这"八件教门原根"源于穆尔太齐赖派。该派产生于公元8世纪，曾提出著名的八件宗教信条，被称为"知主公道和认主独一者"和"公正派"。中国穆斯林接过穆尔太齐赖派主张的八种宗教信条，称之为"八件教门原根"。但在对"认主独一"和"知主公道"等信仰的解释上。与穆尔太齐赖派的理解有所不同，中国穆斯林基本属于逊尼派中大伊玛目哈尔斐教法学派。还有的学者认为，在信仰方面提出"信伊玛目"与"信圣人"并列，是中国穆斯林受有什叶派的一个证明。

总之，中国穆斯林常说"八件教门原根"是常用其规范自己。具体说，那就是用前四条在信仰方面作为需求；用后四条在伦理道德方面作为要求。

◎为什么穆斯林用"清真言"伴随一生?

"清真言",阿拉伯语谓之"开里麦·太依白"。主要内容是:"一切非主,惟有真主;穆罕默德是主使者。"

伊斯兰教主张,伊玛尼(信仰)有三大要素:口上承认,内心诚信,身体力行。念功就是这三者最集中的具体体现,而最主要的念功就是念诵"清真言"。一个穆斯林的起码要求,就是通过念诵"清真言",表白和坚定自己的伊斯兰教信仰。凡当众诵过"清真言"的人,即被视为穆斯林。凡欲皈依伊斯兰教的人,必须当众念诵"清真言。"

"清真言"既是伊斯兰教基本信仰的纲领性表述,又是穆斯林一生中听得最多,念得最多的一句话。穆斯林婴儿初生人世,阿訇要向他耳中"吹邦克",使他听到的第一句话就是"清真言"。每个穆斯林从孩提时就学念"清真言";每天礼拜前听宣礼员念的邦克中也有"清真言";临终前最后听或说的一句话也应是"清真言"。总之,穆斯林必须以"清真言"伴随自己的一生。可以说,念诵"清真言",是伊斯兰教为深化或坚定穆斯林信仰而提出的一种最简单又最切实可行的办法。

◎为什么穆斯林要做礼拜?

礼拜,阿拉伯语称"撒拉特",波斯语称"乃玛孜",中国穆斯林亦称之为"拜功"或"礼功"。这是穆斯林面向克尔白天房诵经、祈祷、跪拜、叩首等一整套宗教仪式的总称。

作为穆斯林每天要进行"五番乃玛孜",即晨礼(阿拉伯语称"苏布哈"或"法吉尔",波斯语称"邦搭")、晌礼(阿拉伯语称"祖合尔",波斯语称"撒失尼")、晡礼(阿拉伯语称"阿苏尔",波斯语称"底盖尔")、昏礼(阿拉伯语称"买厄里布",波斯语称"沙目")、宵礼(阿拉伯语称"尔沙伊",波斯语称"虎夫滩")。

穆斯林认为,礼拜是一种融合智慧的静修、精神的奉献、道德的提升与身体的运动等等为一体的实践规范。礼拜能给人带来精神方面的快乐和欣慰。

◎为什么穆斯林都参加"聚礼"？

"聚礼"，是穆斯林在每星期五所作的"主麻"礼拜，中国穆斯林俗称"礼主麻"。主麻，是阿拉伯语的音译。每周的星期五，称作"主麻日"或"聚礼日"。

伊斯兰教规定，每逢此日穆斯林都须聚在清真寺中跟从伊玛目作聚礼，时间与每日晌礼时间相同。按教法规定，聚礼之后可免作晌礼。中国穆斯林一般在聚礼之后仍作晌礼，以弥补条件之不足。聚礼前听伊玛目念"虎图白（演讲）"，是聚礼的必要条件；然后再单独礼十拜晌礼。这是中国穆斯林的一般做法。

伊斯兰教非常强调聚礼的重要性，不仅作为每个穆斯林务必遵行的义务，而且不得借故不参加。有四种人可不参加聚礼，没有行动自由的奴仆、妇女、玩童、病人。

◎为什么穆斯林见面时要说"色俩目"?

"色俩目"是阿拉伯文的译音,原意为"和平"、平安",是穆斯林相互祝安和问候的用语。全文是:"按赛俩目阿来枯姆,"意为"主的安宁在你们上";回答者说:"我耳来枯闷赛俩目,"意为"主的安宁也在你们上"。

说"色俩目"是阿拉伯人的传统。据说,先知易卜拉辛与妻老来得一"圣子",天使曾预先向他说:"色俩目。"此后人们便仿此而行,见面用其相互问候。到了穆罕默德传教时期,说"色俩目"则更为普遍,并且人们将其视为一种"圣行"。伊斯兰教认为,穆斯林之间说"色俩目",既有利于团结友爱,又可化除成见,家庭可以和,社会可以安,国家可以强。因此,说"色俩目"反映了伊斯兰教重要的伦理道德传统。

另外,说"色俩目"应注意的是进门的要向门内的人先说;站着的人要向坐着的人先说;行走者要向停立者先说;年轻人要向年长者先说;知识少的人要向知识多的人先说;听到者必须立即用其答之——"副天命";如一群人听到有人说"色俩目",其中必须有人答以"色俩目",否则这群人均有责任。

◎为什么穆斯林在举行拜功和封斋前必须作小净或大净？

伊斯兰教规定，举行拜功和封斋之前，穆斯林必须作小净或大净，封斋者必须有大净，礼拜者不仅要有大净还必须有小净。

大净，阿拉伯语称"务司里"，中国穆斯林俗称"洗务司里"，即用净水沐浴全身。

小净，阿拉伯语称"渥都衣"，波斯语称"阿布代司"，中国穆斯林俗称"洗阿布代司"，即用清水洗涤部分肢体和器官。

伊斯兰教规定，夫妇房事之后，男子睡眠梦遗之后，妇女月经、生产并产血停止之后，都须洗过大净之后才可礼拜。大净分主命和圣行两种。大净主命有三件：嗽口、呛鼻、洗周身。大净圣行九件：念"太思米叶"、举意，洗两手至腕，洗身上秽污、洗两便（净下）、洗小净、洗周身三遍，离开大净处洗双足。洗大净时先上后下，先右后左，不面向西。

洗小净的次序包括举意、洗双手至腕、净下、再洗双手、嗽口、呛鼻、洗脸、抹头、抹耳、抹颈部、洗双足至踝等，至此，小净即告洗完，可以举行拜功了。

◎为什么穆斯林要"把斋"？

"斋"即斋戒，阿拉伯语称作"索姆"，中国穆斯林称作"封斋"或"把斋"。伊斯兰教规定，每年教历九月，每个成年男女穆斯林都应斋戒一个月。斋戒期间，每日从天将破晓至日落时，禁饮食，禁房事，戒除一切邪念，纯洁思想，一心向主。

据传，古阿拉伯人曾将"阿舒拉日"（伊斯兰教历一月十日）定为斋戒日；他们也曾视莱麦丹月（伊斯兰教历九月）为神圣，逢此月即去麦加郊区希拉山洞祈祷和忏悔。穆罕默德在传教前就是这样做的。在他40岁那年的莱麦丹月月末盖德尔晚夕（高贵之夜），他在希拉山洞首次接受安拉颁降的《古兰经》第99章1至5节经文"启示"。为此，公元624年伊斯兰教正式规定，莱麦丹月为斋月，每逢此月穆斯林即应斋戒。

伊斯兰教认为，通过斋戒可以使人们学会节制，磨炼意志，清心寡欲，忍饥耐饿，防止罪恶发生，维护社会安定。穆罕默德说："莱麦丹月到来时，天堂的门开了，火狱的门关了，魔鬼被戴上了镣铐。""斋戒是盾牌，可以隔避一切罪恶。"

◎为什么穆斯林到麦加朝觐?

朝觐,阿拉伯语称"罕吉",伊斯兰教五功之一,是穆斯林朝觐麦加克尔白的一系列宗教礼仪活动的总称。

伊斯兰教规定,凡神志健全、身体健康、财力允许的穆斯林男女,在旅途方便的情况下,一生中至少应去克尔白朝觐一次。如条件暂时不具备,可由:别人代替自己去朝觐,谓之"代朝"。完成过朝觐功课的穆斯林,均可获得"哈吉"的荣誉称号。

朝觐圣地是古代闪族人的一种宗教习俗。伊斯兰教兴起以前,克尔白一直被阿拉伯半岛上各部落的人视为"神殿",成为他们顶礼膜拜和献祭的宗教活动中心。穆罕默德参照古代阿拉伯的朝觐仪式,于公元628年正式朝觐克尔白并作为定制和"主命"。《古兰经》规定:"凡能旅行到天房的,人人都有为真主而朝觐的义务。"

◎为什么佛教徒受戒？伊斯兰教徒也受戒？

佛教徒通过一定的仪式，接受本教的戒律，叫受戒。戒有五戒、八戒、十戒，具足戒等，所受的仪式也有差别。

伊斯兰教的受戒是指朝觐者进入麦加之前履行的一种仪式：在规定地点沐浴净身，披朝觐服，男子用两幅白布，一块披肩上，一块遮上体；围腰间，遮下体，跣足、剪指甲、毛发涂香料。戒房事、戒争吵、戒流血、戒狩猎、戒伤害陆地生灵，戒伤"圣地"树木、花草，一直到朝觐活动结束。

◎为什么中国伊斯兰教常用"清真"一词？

"清真"在汉语里原作"纯洁质朴"解。唐、宋时期，不少文人墨客常常喜用"清真"一词。唐代姚合诗《寄石书院僧》有"不行门外地，斋戒得清真"。刘春虚的诗《寄关防》有"深林度空夜，烟月资清真"。宋代陆游《园中赏梅》诗，以"阅尽千葩百卉春，此花风味独清真"赞美纯洁质朴的梅花，等等。

自从中国伊斯兰教"借用"并"垄断"了"清真"一词后，赋予了这一词以新的含义。明清之际的回族伊斯兰教学者认为，"清"是指真主清净无染，不拘方位，无所始终；"真"是指真主独一至尊，永恒长存，无所比拟。他们以"清净哉，真主"和"真主至清至真，原有独尊，谓之清真"赞美自己崇奉的真主安拉。近代新疆马良骏大阿訇说：清则净也，真则不杂也。净而不杂，就是清真。显然，这些解释都是从"清真"的本意纯洁质朴中引申出来的，其中也反映了中国穆斯林对伊斯兰教基本教义的认识。他们称伊斯兰教那句核心信仰为"清真言"，把礼拜的场所称为"清真寺"，就是这种认识的具体反映。

◎为什么不能在伊斯兰教与回族之间画等号？

伊斯兰教与回族属于两个不同的概念，回族是中国五十六个民族之一，也是中国信仰伊斯兰教的十个民族之一。而伊斯兰教则是一种宗教，是世界三大宗教之一，其诞生于公元7世纪的阿拉伯半岛。

同一种宗教，可以被不同的民族所信仰。仅就中国而言，就有回族、维吾尔族、哈萨克族、柯尔克孜族、塔吉克族、塔塔尔族、乌孜别克族、东乡族、撒拉族、保安族信仰伊斯兰教。

在同一民族中，可以有不同的宗教信仰。如汉族人，有的信佛教，有的信道教，有的信基督教等等。又如，中国蒙古族、藏族、傣族等是信仰佛教的民族，但其中也有不信仰宗教的，还有些人信仰伊斯兰教。

有的民族，历史上曾先后信仰过多种宗教。维吾尔族的先民们就曾先后信仰过萨满教、摩尼教、祆教、景教，10世纪末至18世纪，维吾尔人才逐渐信奉伊斯兰教。这种宗教信仰的改变，并没有也绝不可能改变：其民族成分。

因此，不能在伊斯兰教与回族这两个根本不同的概念之间划上等号。

◎为什么婴儿出生后要起"回回名"？

"回回名"，又称"经名"，是通用汉语的穆斯林的传统习俗，当婴儿出生后，在其本人汉姓名前，再起一个阿拉伯名，以表示其穆斯林身份，并在某些宗教活动的场合中使用。

回回名多取自《古兰经》中历代圣人、圣妻、圣女之名。常见的男名有：穆罕默德、阿里、易卜拉辛等；女名有阿依莎、法蒂玛等。还有一些伊斯兰教所喜用之名，如希拉伦丁（宗教新月）、努尔迪（宗教之光）等。

起回回名一般由教长、阿訇主持。在一张红纸上书好婴儿出生年月日（伊斯兰教历与公历两种）、经名，再写一段阿拉伯文求祈词。形式大致如下：

奉至仁至慈的真主之名

吉庆的新生儿之名是××××

噢，主啊！求你使他（她）长寿，使他身体健康，使他性格美好，使他给养丰富，使他信仰坚定，使他享有一切美好的事物。

求主承领

公历年月日

回历年月日

教长签名

◎为什么"古尔邦节"要献牲?

古尔邦节是阿拉伯语的音译,伊斯兰教三大节日之一(开斋节、古尔邦节、圣纪)。中国穆斯林也称之为"小开斋"或"小尔代(节)",时间是伊斯兰教历12月10日,即朝觐麦加的最后一天。根据这一天的活:动内容,阿拉伯语"尔德、艾祖哈"将此译意为"献牲"或"宰牲节"。

据古老的阿拉伯民间传说,"先知"易卜拉辛曾接受安拉的"启示",命他宰杀其子易司马仪献祭,以此考验父子对真主的忠诚。当其子俯首待杀时,安拉便派天使送来一只绵羊代替易司马仪。因此,阿拉伯半岛便有了宰牲献祭这一习俗。伊斯兰教承袭此俗,并将其定为重要节日——古尔邦节。届时,世界各地的穆斯林都要举行盛大的会礼,宰牛、羊、骆驼,然后互相赠送。

在中国,古尔邦节已成为伊斯兰教十个民族的传统民族节日;新疆哈萨克、柯尔克孜、塔吉克等族穆斯林,在这一天"献牲"的同时,还要举行叼羊、赛马、摔跤等大型文体活动。

◎为什么穆斯林有炸"油香"这一习俗?

穆罕默德受主的旨意,创办了伊斯兰教,当时,遭到了当地信仰多神教的古莱什部落贵族、富商的迫害和反对。于是"穆圣"带领信仰伊斯兰教的人分批迁往麦地那,来到那里,便受到了全城穆斯林的欢迎,大家争着邀请"穆圣"到家里用餐。怎么办呢?他想出了一个办法,让自己的骆驼自由自在地在前面走,在谁家门停下,就到谁家做客,这匹骆驼走着走着在一家门前卧倒歇息下来。

这是阿尤布老汉的家。"穆圣"的光临,使他由衷地高兴,用上等的面粉,最好的香油,炸制了可口的面食。"穆圣"接过这具有深情厚意的油饼,将其撕开几份,分给大家一起享用(圣行),然后又对其起了个名字——油香。

从此炸制"油香"便成了穆斯林的习俗,每逢节日、红白事都要做这种食物并分给大家,来表达自己的喜悦或寄托心中的哀思。

◎为什么穆斯林不吃猪肉？

禁食猪肉是阿拉伯人的习俗，伊斯兰教继承了这一习俗。《古兰经》是这样规定的："禁止你们吃自死物、血液、猪肉，以及诵非真主之名而宰杀的……准许你们吃一切佳美的食物……"刘智在解释这一点时说，猪是畜类中最污浊的，"其性贪，其气浊，其心迷，其食秽，其肉无补而多害。乐从卑污，有锯牙，好攫，啮生肉，愈壮愈惰，老者能附邪魅为祟，乃最不可食之物也"。（《天方典礼择要解》卷十七《民常篇·饮食下》）

可见，猪系肮脏丑陋之物。伊斯兰教认为，若要保持一种纯洁的心灵和健康的身体，就应对人们赖以维生的饮食予以特别的关注。饮食之物有善者有不善者，有洁者有不洁者。穆罕默德说，"一口不洁，废四十日之功"。《古兰经》明文规定："准许他们吃佳美的食物，禁戒他们吃污秽的食物。"

综上，穆斯林不吃猪肉。当然"凡为势所迫，非出自愿，且不过分的人，（虽吃禁物），毫无罪过"（《古兰经》）。

◎为什么回族家庭及饭店的门楣上要挂上"经字都阿"?

很多人会注意到，在回族穆斯林家庭和清真饭店的门楣上，都书写或悬挂、张贴着一段经文，其有什么内容和有何用意呢?

其经文叫做"经字都阿"或"都阿"，是阿拉伯语的音译。意为"祈祷"，即阿拉伯文祈祷词。最常见的有以下几种：

1.清真言：内容是"万物非主，惟有真主；穆罕默德是主的使者"。

2.作证言：内容是"我作证，万物真主，惟有真主；我作证，穆罕默德是主的使者"。

3.太司迷耶：内容是"奉至仁至慈的真主之名"。

4.求护词：内容是"哎，主哇! 求你为我们把天堂的门打开吧"! 等。

除上述祈祷词，饭店则大多是用阿拉伯语书写的"伊斯兰饭店"等内容。

这些"经字都阿"的悬挂、张贴，一是为了表示这是穆斯林的家庭或饭店；二是用此表达穆斯林最基本的宗教信仰。

◎为什么伊斯兰教禁酒？

饮酒为伊斯兰教所严禁，其经过了一个渐进的过程。

古阿拉伯人素有饮酒的恶习，但在该教初传时，并未有所禁止。有一次圣门弟子酒后礼拜，读错了经文，造成了不好的影响。于是有了如下一段经文："信道的人们啊！你们在饮酒的时候不要礼拜，直至你们知道自己所说的是什么话……"这以后，针对当时穆斯林中的酗酒、赌博恶习，又颁降了一段经文："他们问你饮酒和赌博，你说：'这两件事都包含着大罪，对于世人都有许多利益，而其罪过比利益还大……'"据传，因未明确严禁，由饮酒而争斗、导致流血时有发生，于是穆罕默德传达了一段严厉禁酒的"天启"："信道的人们啊！饮酒，赌博、拜像、求签，只是一种秽行，只是恶魔的行为，故当远离，以便你们成功。恶魔惟愿你们因饮酒和赌博而相仇恨，并且阻止你们记念真主和谨守拜功。你们将戒除吗？你们当服从真主，当服从使者，当防备罪恶。如果你们违背命令，那么，你们须知我的使者只负明白的通知的责任，"这是对饮酒发出的最严格的禁令。从此，饮酒遂被断为"孩拉目（非法）"，予以严禁，违者必遭严惩。

◎为什么伊斯兰教主张厚养薄葬?

厚养薄葬是伊斯兰教关于子女如何对待父母问题上的基本主张和态度，也是其优良传统之一。

厚养，是指父母在世时，子女要孝敬他们，细心服侍他们，礼貌对待他们。特别是当父母丧失劳动和生活能力时，更应善待他们，充分满足其物质和精神生活的需要，像当初父母珍爱自己那样去厚爱他们，使其安度幸福的晚年。《古兰经》对穆斯林明确地提出了这种要求："你们……应当孝敬父母。如果他们中的一人或两人在你的堂上达到老迈，那么你不要对他俩说：呸！不要喝斥他俩，你应当对他俩说有礼貌的话，你应当毕恭毕敬地服侍他俩，你应当说：我的主啊！求你怜悯他俩，就像我年幼时他俩养育我那样。"

薄葬，是说一曰父母去世，应本着节约的精神，薄葬的原则，不许以任何人殉葬，在洗净和做过殡礼后，速用几尺白布裹着尸体入土掩埋。禁止以"孝"为名大操大办，挥霍浪费。中国著名阿訇哈德成说："倘父母在世时，未行孝道，而在死后仅靠易服穿孝谓之孝，那是自欺欺人的事，故我教无穿孝之举。"